筑摩選書

冨田恭彦
Tomida Yasuhiko

ローティ

連帯と自己超克の思想

ローティ　目次

はじめに……011

ローティ

連帯と自己超克の思想

はじめに

ローティが亡くなったのは、二〇〇七年のことでした。我が国には、学部生のときにローティと直接意見交換をされた経験をお持ちのサイエンティストも、「ローティ」という名前を愛猫に付けてくださったファンの方もおいでになり、世代を問わず、今もなお、多くのみなさんが彼の思想に関心を持ってくださっています。

リチャード・ローティ（Richard Rorty, 1931–2007）。二〇世紀のアメリカを代表する哲学者で、二一世紀に入っても、愛する地球の現状について自身の見解を提示し続けてきました。しかし、二〇〇七年、言いたいことを言う好々爺としてまだまだ活躍されると思っていた矢先、膵臓癌であっという間にこの世を去られました。享年（満）七五歳でした。

ローティには、彼の言説を全面的にでなくとも理解してくれる良き仲間、ユルゲン・ハーバーマスやマーティン・ジェイやジャック・デリダやトーマス・クーンがいました。けれども、その思想の先進性のため、無理解にさらされることも少なくありませんでした。彼の思想の核となったもの。それは、徹底した歴史主義でした。日本の愛すべき「ギャル」のかつての言い方を借りるなら、こんな徹底した歴史主義はないという意味で、「チョー」歴史主義でした。

定まった真理？　思考が従わなければならない普遍的ルール？　こういったものをすべからく疑問視しながら、歴史の今を生きるための、連帯と自己超克に根ざした真摯な態度を、さまざまな仕方で提示して見せる。問題を抱えながらも他にいい制度がみつかっていない以上民主主義を徹底的に大事にし、ソフトファッショも安易な相対主義も許さない、そういうチョー歴史主義を、彼は亡くなるまで説き続けたのです。

「私は一二歳で、社会的不正義と戦って生きていくのが人間なのだと知った」という早熟な少年。その少年が大人になって示した知性は、いまだ人類はそれに追随できずにいるという意味で、私はそれを「早すぎた」と思います。けれど、その反面、彼が示した今を生きるための感性は、私にはかつて極東の島国の日本人がさまざまな「すったもんだ」を経て「知恵」として身につけていたものにいくつもの点で近く、その意味で「遅すぎた」とも思っています。けれど、その「遅すぎた」の本当の意味は、アメリカの感性の、ある面での遅すぎを、あろうことかある日本人たちが「先進的」と錯覚して（もしかしたら意図的に）「学んで」しまったため（よほど学ぶことがほかになかったんでしょうね）、今や我が国はかつて私たちの先人が培ってきたローティ的な「良きもの」を失ってしまおうとしている、ということにあります。

一九九〇年代のはじめ、アメリカを代表するハーバード大学の正門、ジョンストン・ゲートの表と裏の光景は、それを見る日本人には異様なものに映っていました。表には日々の食べ物や住むところに事欠く多くの人々が食物や金銭を求めてたむろし、正門の内側はそれとは別世界の「最高学府」。ときにラディカルな批判者を生むことがあっても、輝かしいアメリカを象徴する世界でした。『正義論』の著者ジョン・ロールズの最後の講義を聴いた日本人研究者は、世のあるべき姿として彼が主張していることの多くは我が国で久しく実現されてきたことなのだと思いました。けれど、あっという間に我が国は自らが培ってきた良きものをかなぐり捨て、国のあちこちでジョンストン・ゲートの表と裏を目の当たりにすることになりました。いや、ゲートの中ですら、そうした表と裏がフラクタル状態になり、格差社会の進行が人々の心をむしばんでいるのです。

ところで、ローティの思想に関心を持ち、卒業論文や修士論文で扱いたいという学生さんがこれまで私の周りに何人もおいでになったのですが、私はそれはやめたほうがいいとアドバイスするのが常でした（もちろん、それでも頑張っていい論文を書かれた学生さんはおいでになります）。なぜなら、ローティがあまりに広範な哲学的話題に言及し、それについてかなりの知識をすでに共有していることを前提として話を進めるので、ローティ研究をするにはまずもって彼が取り上げているさまざまな哲学者の見解について相当に立ち入ったことを知らなければならず、それがなければ表面をなぞっているだけのことになるからです。

私自身、この本を書くにあたって同じ問題に直面することになりました。覚悟していたのに、前提となるものを書いていくだけで所定のスペースを大幅に超え、バランスを考えながら何度も書き直すことになりました。

彼の視野のとてつもない広さは、本書第2章と第3章をご覧になっていただくだけで、十分に理解していただけると思います。ローティが深く関わった事柄の一つ、言語論的転回ないし分析哲学の潮流について、ローティが自説の展開においてまずはさしあたり踏まえていることの、しかもその一部を解説するだけで、どれほど削ってもかなりのスペースを要してしまうのです。

そんなわけで、一冊の本として彼の見解をできるだけわかりやすく解説するため、すべてを可能な限り網羅するという方針は諦めて、少々手荒なやり方を採ることにしました。

第1章では、まず、ローティ自身の生涯を、手短に見ておくことにします。

そして、第2章以下では、彼の生涯を彩るさまざまな話題のうち、それを取り上げることによって彼の思想の本質がおそらくはよりよく見通せるであろうと思われる話題を五つ取り上げ、それを順次解説します（第2章と第3章は、二つで一つとお考えください）。

その昔（二〇〇〇年代に入って間もなくの頃）、ローティが大学を辞めたいというのを止めようとしたことがありました。「私はもっとパープルワーズを発したい。そのために、もっと時間がほしいのだ。」それが、私の「余計なお世話」に対する彼の返事でした。パープルワーズ。紫の言葉。この表現は多重的ニュアンスを持っています。本書は、一七歳で大学を卒業した心優しく聡明なアメリカの青年が、亡くなる直前まで発し続けた「紫の言葉」を、聞き分けのないサポーターの一人が本人の断りなしに解説したものです。

ローティが亡くなる前年に、ローティと私との間で、私の問いに彼が答えるという形で彼の思想を明らかにする本を出版する計画がありました。その計画を実行する直前になって、彼は帰らぬ人となりました。いまさら私に何ができるかわかりませんが、ローティが何を考えて生きてきたのか、その一端なりとも示すことができればと、以下に精一杯努力してみます。おつきあいいただければ幸いです。

＊　地名や書名、特に重要な専門用語については、読者のみなさまが調べ直さなくてもいいように、できるだけ原語を挙げておきました。また、英語以外の原語については、できる限りカタカナ書きでその原音に近い読みを表記しておきました。英語についても、あまり見かけないものについては、カタカナ書きを添えました。わずらわしい場合には、無視していただいて結構です。いつか気になられたおりに、ご確認いただければ幸いです。

＊＊　特に重要な人物や本については、名前の綴りや生年没年、もとの表題などを、繰り返し表記する

場合があります。どこにあったかなと、改めて捜していただかなくていいようにしています。

＊＊＊　原典からの引用は、三つを除いてすべて私の訳です。例外の一つは、プラトンの『国家』からの引用で、師藤澤令夫の訳を用いました。もう一つはプラトンの『パイドン』からの引用で、これは松永雄二先生の訳を使わせていただきました。三つ目のハイデッガーの「思ひ」からの引用については、もう一人の師辻村公一の訳を再録しました。

第1章

生涯（一九三一年～二〇〇七年）

父母

リチャード・マケイ・ローティ（Richard McKay Rorty, 1931–2007 彼は自身のミドルネームを「マケイ」に近く発音しています）は、一九三一年一〇月四日、父ジェイムズ・ハンコック・ローティ（James Hancock Rorty, 1890–1973）と、母ウィニフレッド・ローティ（Winifred Rorty, 1894–1979 旧姓 Raushenbush［ラウシェンブッシュ］）の一人息子として、ニューヨーク市に生まれました。

父も母も、いわゆる（非ユダヤ系の）「ニューヨーク知識人」（New York intellectuals）——二〇世紀中葉にニューヨークを拠点として活動した反スターリン主義的左翼知識人集団——の一員でした。

父ジェイムズは、アイルランドの北西部ドニゴール（Donegal）からの政治難民リチャード・マケイ・ローティ（Richard McKay Rorty 1841–1915 詩人志望の青年でした）を父とし、フェミニズムの思想を持つニューヨーク生まれの元学校教師オクテイヴィア・ローティ（Octavia Rorty, 1852–1943 旧姓 Churchill［チャーチル］）を母として、一八九〇年三月三〇日にニューヨークのミドルタウンに生まれました。両親はミド

ローティ2歳頃の写真

ルタウンで食料雑貨店を営んでいました。

ジェイムズは地元の高校を出て一年間地方紙で働いたあと、姉夫婦の経済的援助を得てボストンのタフツ・カレッジに入学します。一九一三年に卒業したのちニューヨークに戻り、一九一七年まで広告代理店に勤めました。彼は戦争を本意とはしませんでしたが、反戦的な青年がときにそうしたように、第一次世界大戦中の一九一七年、陸軍野戦病院部隊に所属、フランスのアルゴンヌで非武装隊員として殊勲十字章を授与される活動のあと、ニューヨークに戻ります。

大戦が終わって間もない一九一九年、マンハッタンに、「ニュースクール」（The New School for Social Research）が創設されます。ニュースクールは、当時の大学の在り方に疑問を持った歴史学者チャールズ・A・ビアード（Charles Austin Beard, 1874–1948）、哲学者ジョン・デューイ（John Dewey, 1859–1952）、歴史学者ジェイムズ・ハーヴィー・ロビンソン（James Harvey Robinson, 1863–1936）らが設立した新たな大学で、講師に経済学者ソースティン・ヴェブレン（Thorstein Veblen, 1857–1929 彼の両親はノルウェー出身で、ノルウェー語としては「トーシュタイン・ヴェブレン」）がいました。

ソースティン・ヴェブレン

ジェイムズはヴェブレンの講義を受け、資本主義の利益追求は環境と調和した持続可能な社会の形成を妨げるというその見解に共感し、左翼ジャーナリスト、コピーライター、作家、詩人としての道を歩みます。

一九二〇年、ジェイムズはソーシャルワーカーのマリア・ウォード・ランビン（**Maria Ward Lambin**）と結婚し、一時カリフォニアに移ります。しかし、この結婚生活は長続きせず、一九二八年に離婚、同年、サンフランシスコで知り合ったウィニフレッド・ラウシェンブッシュと再婚します。

ウィニフレッドは、バプテスト派キリスト教神学者ウォルター・ラウシェンブッシュ（**Walter Rauschenbusch, 1861–1918**）とプロイセン生まれのポーリーン（パウリーネ）・E・ラウシェンブッシュ（**Pauline E. Rauschenbusch, 1865–?** 旧姓 **Rother**［ローター］）の娘として、一八九四年にニューヨークに生まれました。ウォルター・ラウシェンブッシュは、社会問題に福音の観点から取り組もうとする「社会的福音」運動の指導者として知られており、ウィニフレッドは社会活動を重視する進歩的環境の中で育てられました。

彼女は一九一二年にオハイオ州のオーバリン・カレッジに入学し、一九一六年に卒業、一九一七年にシカゴに移り、シカゴ学派を代表する社会学者ロバート・エズラ・パーク（**Robert Ezra Park, 1864–1944**）の教えを受け、一九一九年から一九二一年、一九二三年から一九二五年にかけて、彼のアシスタントを務めます。彼女がジェイムズと出会ったのは、サンフランシスコで社会学的調査を行った折りのことでした。

ジェイムズ同様ウィニフレッドもまた左翼的信念を持ち、フリーランスジャーナリストとして活躍しました。（なお、ウォルター・ラウシェンブッシュの父はドイツ出身で、一家は **Rauschenbusch**

という姓でしたが、ウィニフレッドはのちに姓をドイツ風に綴るのをやめて Raushenbush としています。）

トロツキー

一九二〇年代後半、ジェイムズとアメリカ共産党との関係が一時悪くなることがあったものの、ローティが生まれた翌年の一九三二年、ジェイムズもウィニフレッドも、党の忠実なシンパサイザーとして活動していました。その年ジェイムズは、「フォスターとフォードのための知識人グループ連盟」（League of Professional Groups for Foster and Ford）というアメリカ共産党の隠れ蓑となる組織を指揮していました。フォスターはウィリアム・Z・フォスター（William Z. Foster, 1881-1961）、フォードはジェイムズ・W・フォード（James W. Ford, 1893-1957）のことで、それぞれ一九三二年のアメリカ大統領選における、アメリカ共産党の大統領、副大統領候補です。

ところが、スターリンが共産主義を裏切り、その上アメリカ共産党がモスクワに操られていると知るに及んで、ジェイムズとウィニフレッドは党との関係を絶ち、それによって党から「トロツキスト」とみなされることになります（彼らもそう見られることを否定はしませんでした）。一九三〇年代の終わり頃、彼らはニュージャージー州の人里離れたフラットブルックヴィル（Flatbrookville）に居を移し、ニューヨークとの間を行き来するようになります。彼らのところには、ジョン・デューイ、イタリア生まれのアナキスト知識人カルロ・トレスカ（Carlo Tresca,

ジョン・デューイ

1879–1943）、プラグマティズムの哲学者シドニー・フック（Sidney Hook, 1902–1989）、作家のウィテカー・チェインバーズ（Whittaker Chambers, 1901–1961）、文芸批評家のライオネル・トリリング（Lionel Trilling, 1905–1975）らが出入りしました。

一九二四年にソビエト社会主義共和国連邦（ソビエト連邦、ソ連）のレーニンが亡くなったあと、かつて外務人民委員（外相に相当）、軍事人民委員、共和国革命軍事会議議長等を務めたトロツキーは、権力闘争に敗れ、一九二九年に国外追放となりました。彼は海外からソ連を批判し続け、一九三八年には第四インターナショナルを結成します。ソ連における全権を掌握したスターリンは、一九三六年から一九三八年にかけて三回にわたる「モスクワ裁判」を進め、多くの人々を粛清し、トロツキーも命を狙われることになりました。

こうした動向に対して、一九三七年三月に、デューイを委員長とする調査委員会「デューイ委員会」（Dewey Commission 正式には「モスクワ裁判においてレオン・トロツキーに対して行われた告発を調査する委員会」Commission of Inquiry into the Charges Made against Leon Trotsky in the Moscow Trials）が発足、メキシコに亡命していたトロツキーを訪ねて聴聞会を開き、四二二ページにわたる報告書『無罪』（*Not Guilty*）を公にします。このときジェイムズは、広報担当として委員会に同行しています。また、シドニー・フックは委員会を支援する立場にあり、カルロ・トレスカは委員の一人でした。

トロツキーが一九四〇年八月にスターリンの刺客に暗殺されたあと、彼の秘書ジョン・フランク（John Frank）は、暗殺を逃れるため名前を変えて、数ヶ月ローティ家に滞在しました。暗殺と言えば、カルロ・トレスカも一九四三年に暗殺されています。ウィテカー・チェインバーズとライオネル・トリリングのことは、ここでは割愛させていただきますが、これについては、リチャード・ローティ「誠実な誤り」（『文化政治としての哲学』岩波書店、二〇一一年所収）を参照していただければ幸いです。

社会正義・野生の蘭

ジェイムズとウィニフレッドの一人息子リチャード（以下「ローティ」。両親は彼を親しみを込めて「バコウ」「Bucko「若いの」とか「若様」とかいったところでしょうか」と呼んでいました）は、極めて早熟でした。六歳で英国皇太子エドワードの戴冠式の戯曲を書いて両親とその友人たちのために演じ、七歳でハーバード大学天文台に

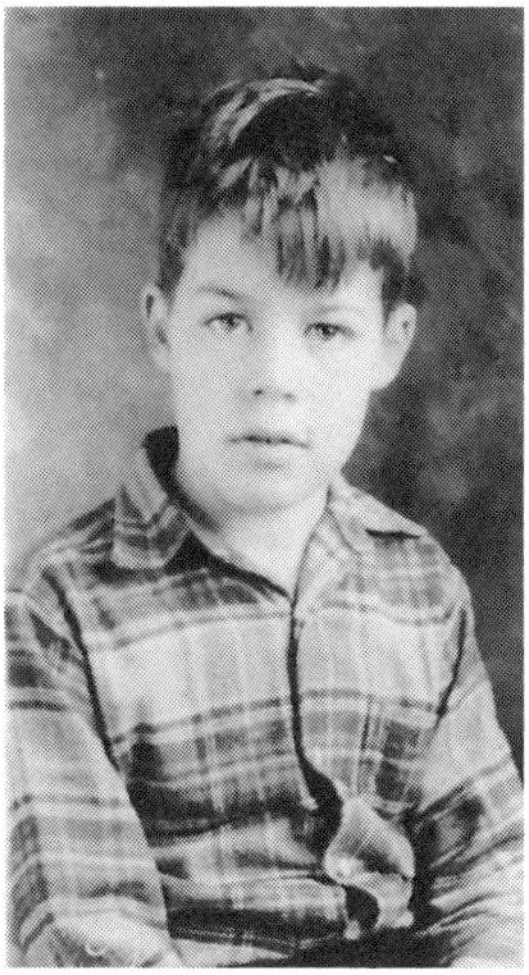

9歳頃の写真

自分が天文学者になれるかを問う手紙を出し、八歳でダライ・ラマに即位を祝う手紙を書いてプレゼントを贈るような、そんな子どもでした。

彼ははじめブルックリンの私立学校、バークリ・インスティテュート（Berkeley Institute）で学んでいましたが、先に述べたような事情から、フラットブルックヴィルのウォールパック・タウンシップ・スクール（Walpack Township School）に転校します。彼はフラットブルックヴィルでの暮らしを好みました。家には『レオン・トロツキー裁判』（*The Case of Leon Trotsky*）と『無罪』という赤い装丁の二巻本があたりまえのようにあり、デューイやフックやトレスカが訪問し、「みんなに内緒にするように」と言われてある人物がかくまわれているという環境の中で、ローティは子ども時代を過ごしました。

12歳頃の写真

のちにローティは、一二歳の頃（一九四三年）を振り返って、次のように述べています。

私は成長するにつれて、まともな人々はみな、トロツキストではないにしても少なくとも社会主義者だと、わかるようになった。〔……〕資本主義が克服されなければ貧しい人々はいつまでたっても虐げられたままだとわかった。一二歳の冬に私は無給の使い走りで、新聞発表の原稿を、グラマシー・パーク脇の労働者保護連盟の事務所（私の両親はそこで働いていた）から、目と鼻の先にあるノーマン・トマス（社会党の大統領候補）の家へ、それからまた一二五番街のプルマン寝台車乗務員組合のA・フィリップ・ランドルフの事務所へと運んだ。地下鉄の中で、私は、自分が運んでいる書類をよく読んだものである。〔……〕そんなわけで、私は一二歳で、社会的不正義と戦って生きていくのが人間なのだと知った。（ローティ「トロツキーと野生の蘭」より）

フラットブルックヴィルでの暮らしが彼に与えたものがもう一つあります。それは、野生の蘭への興味です。彼は自生する蘭を詳細に調べ、その魅力の虜になりました。野生の花や鳥など、自然に対する彼のワーズワース的な愛情は、亡くなるまで続きます。（私事ですが、三〇代のはじめに京都南禅寺の旅館で彼に会い、一時間半ほどそこで議論をし、それから八坂神社まで散策したおりに、彼はときどき双眼鏡を出しては野鳥を観察していました。「バードウォッチングが好きなのだ」ということでしたが、ずっと小さい頃からそうだったんですね。）

絶対的なもの

ローティが哲学書をはじめて読んだのは、一三歳のときでした。そのとき彼が手に取ったのは、プラトンとニーチェです。のちに彼はそのときのことについて、次のように述べています。

プラトン

ニーチェ

彼ら二人がどちらも正しいということはありえないが、単に見解が対立しているのではなく、互いに補完し合っていると見る見方がきっとあるに違いないというのが私の反応だった。もしかしてソクラテスは初期バージョンのツァラトゥストラと解することはできないだろうか。もしかして力への意志は、善美を獲得したいという衝動の別の言い回しとは考えられないだろうか。私はプラトンとニーチェを読んで、図書館の本を全部読む必要はないかもしれないと考えるようになり、少しほっとした。私は哲学の本しか、他のすべての本のいいとこ取りをした本しか、読むことができなかった。（ローティ「知的自伝」［二〇〇七年執筆終了、二〇一〇年刊］より）

こうして彼は、哲学に「はまり」ます。そして、そのようにして哲学に「はまった」たいていの人がそうであるように、彼もまた、「重要な問題はただ一つ、「絶対的なものは存在するか」である」と考えるようになります。

ハチンズ・カレッジ

この問題に答えるため、というよりも、「絶対的なもの」を見つけるため、一九四六年、一五歳になるかならないかのある日、ローティはシカゴに向かいます。

シカゴ大学。そこにハイスクール二年次を終えたばかりのローティを受け入れてくれる、いわゆる「ハチンズ・カレッジ」（Hutchins College）がありました。

シカゴ大学は、一八九〇年、スタンダード・オイルの創業者ジョン・D・ロックフェラー（John D. Rockefeller, Sr., 1839–1937）の巨額の資金援助のもと、アメリカバプテスト教育協会（American Baptist Education Society）によって設立されました。土地は、シカゴのデパート「マーシャル・フィールズ」（Marshall Field's）の創業者マーシャル・フィールド（Marshall Field, 1834–1906）が寄付しました。因みに、ジョン・デューイは、一八九四年から一九〇四年まで、シカゴ大学哲学科の教授を務めています（彼はそのあとコロンビア大学に移りました）。

このシカゴ大学の第五代学長となったのが、ロバート・メイナード・ハチンズ（Robert Maynard Hutchins, 1899–1977）です。彼は、ニューヨーク、ブルックリンに生まれ、一九一五年から一九一七年までオーバリン・カレッジで教育を受けたあと、第一次世界大戦での軍役を経て一九一九年にイェール大学に入学、イェール大学ロースクールで極めて優秀な成績を収め、二〇代で同ロースクールの教授およびディーンになりました（教授になったのは一九二七年九月、ディーンに指名されたのは同年一二月のことでした）。そのあと、一九二九年に三〇歳という異例の若さでシカゴ大学の学長に就任、同大学の教育改革に努めます。一五歳のローティを受け入れたハチンズ・カレッジは、その教育改革の一環でした。

ロバート・メイナード・ハチンズ

ハチンズは、デューイのプラグマティズムの影響をシカゴ大学から排除することを求め、時代や場所に限定されない絶対的なものに向かう教育を進めようとしました。彼は、一九三〇年代から一九四〇年代にかけて、教科書ではなく原典を基にし、特定の狭い分野に特化されない、議論を中心とした、ほとんど必修科目だけからなる、教養教育中心の学部課程の導入に努めます。加えて、ハイスクールの二年次を終えた優秀な生徒を学生として迎える道を開きました。これがいわゆる「ハチンズ・カレッジ」です。

ローティの両親はこのハチンズ・カレッジの理念に共感し、ローティ自身もそこに行くことを切望します。一四歳の我が子を一人でシカゴに行かせていいものかという心配はありましたが、彼の将来を考えて、彼の教育をハチンズ・カレッジに委ねることを両親は決断、こうしてローティはシカゴ大学の学生になります。

のちにローティは、ハチンズ・カレッジについて、次のように述べています。

ロバート・メイナード・ハチンズは、絶対的なものは間違いなくあると主張したことでよく知られていた。彼は学部生に「グレートブックス」を読むことによって絶対的なものに精通するよう求めた。ハチンズはデューイのプラグマティズム的・「相対主義的」遺産に対する反対運動を進めた。のちに私は、デューイは概して正しくハチンズは概して間違っていると考えるようになったものの、「ハチンズ・カレッジ」が提供してくれた教育にはいつも大いに感謝してきた。それは私の青年期の欲求を十分に満たしてくれた。それによって、私がのちに専門的職業とするに至ったものへの準備が、これ以上にはありえない仕方で整うことになった。（ローティ「知的自伝」より）

ローティはこのシカゴ大学で六年間を過ごします。最初の三年間で（一九四九年に）学士号を取得、さらに三年間研究を続け、一九五二年に修士号を取得しています。

シカゴ時代

当時、シカゴ大学哲学科を支配していたのは、リチャード・マキーアン（Richard McKeon, 1900–1985）という人でした。彼は、アリストテレスの崇拝者で、コロンビア大学で学位を得、さらにパリ大学のエティエンヌ・ジルソン（Étienne

リチャード・マキーアン

Gilson, 1884–1978）に学んだあと、シカゴ大学で教授およびディーンとしてハチンズの教育改革を支えました。

マキーアンが委員長を務めていた統合的学際教養教育の実現を目指す委員会では、「観察・解釈・統合」（Observation, Interpretation, and Integration 略して OII）という特別な哲学総合科目を用意していました。ローティは哲学を学びたいとすでに思っていましたので、シカゴの二年次でこれを受講することにし、そのために、二年次が始まる直前の夏に、プラトンの対話篇をまず英訳で読み進めます。そして、『法律』を除いて、すべてを読み終えました。

ローティは二年次にこの「観察・解釈・統合」で「A」の評価を得、哲学でやっていけるのではないかと考えるようになります。そこで、次の夏にはギリシャ語の独習を始め、三年次にはアラン・ゲワース（Alan Gewirth, 1912–2004）の哲学史の科目を受講します。アラン・ゲワースはコロンビア大学とコーネル大学で学び、シカゴ大学で博士号を取得した哲学者で、広範な話題を扱った多数の論文・著書で知られています。

一九四九年、一七歳で学士号を取得したローティは、さらにマキーアン、ゲワース、ルードルフ・カルナップ、チャールズ・ハーツホーン、マンリー・トンプソンらの哲学科目とともに、ベネディクト・アイナーソンのギリシャ語によるプラトン科目、ジョン・U・ネフとアーノルト・ベルクシュトレッサーの精神史科目、それにデイヴィッド・グリーンの文学科目を受講しながら、修士論文の準備を進めます。

その頃ローティが師と仰いだのは、チャールズ・ハーツホーン（Charles Hartshorne, 1897–2000「ハートショーン」ではなく「ハーツホーン」）です。彼はハーバードで学士号（一九二一年）、修士号（一九二二年）、博士号（一九二三年）を取得したあと、ドイツのフライブルク大学でエトムント・フッサール（Edmund Husserl, 1859–1938）に、マールブルク大学でマルティン・ハイデッガー（Martin Heidegger, 1889–1976）に学びました。それからハーバードに戻って一九二五年から一九二八年までリサーチ・フェローを務め、ポール・ワイス（彼のことは、あとで触れることにします）とともにチャールズ・サンダース・パース（Charles Sanders Peirce, 1839–1914）の遺稿の編集・刊行を進めます。また、それと並行して、アルフレッド・ノース・ホワイトヘッド（Alfred North Whitehead, 1861–1947）の助手を務め、一九二八年に、シカゴ大学に移ります。彼に特に影響を与えたのは、ホワイトヘッドでした。（因みに、ハーツホーンは一九五八年にフルブライト講師として京都大学を訪れています。また、アメリカで久しく出版が続けられてきたLibrary of Living Philosophersシリーズの第二〇巻『チャールズ・ハーツホーンの哲学』［*The Philosophy of Charles Hartshorne*（1991）］には、二人の日本人の論文が掲載されています［Matao Noda, "A Historian's Sketch of Hartshorne's Metaphysics"; Keiji Matsunobu, "Charles Hartshorne's Impression on the Kyoto School"］。著者の一人、

チャールズ・ハーツホーン

野田又夫は、京都大学における私の最初の指導教官でした。)

のちにローティはハーツホーンのことを「並外れて魅力的な人だった」と述べています。ホワイトヘッドがワーズワース賛美者であり、物理科学が最終判断を下すわけではないと考えていたことに、ハーツホーンもローティも共感していました。しかし、ローティはハーツホーンが「ホワイトヘッドの神学的思弁をどこまでも推し進めようとする」のに疑問を感じるようになり、結局一九五二年、二〇歳で修士号を得る頃には、「親譲りの気負いのない無神論」に戻っていたと述懐しています。

ローティがハーツホーンの指導のもとに書いた修士論文は、「ホワイトヘッドの可能態の概念の用法」(**Whitehead's Use of the Concept of Potentiality**)という表題で、ホワイトヘッドの「概念的把握」(**conceptual prehension**)の考えを批判するものでした。

ローティの視線

この時期にローティが最も印象深く感じた哲学者は、ヘーゲルとホワイトヘッドでした。ローティは、ヘーゲルの『精神の現象学』、ホワイトヘッドの『観念の冒険』、ラヴジョイの『存在の大いなる連鎖』によって、野心的な精神史に興味を持つようになります。「この興味は、のちにはエティエンヌ・ジルソンやハンス・ブルーメンベルク、とりわけ後期ハイデッガーのような著作家たちによって満たされることになった」と、彼は晩年に述べています。

また、世界的に話題となった自身の『哲学と自然の鏡』(一九七九年)の「まえがき」では、「リチャード・マキーアンとロバート・ブランボーから、同一の諸問題に対する競合する解答の連続としてではなく、まったく異なる問題群の連続として哲学史を見ることを学んだ」とローティは述べています。ロバート・ブランボー(Robert S. Brumbaugh, 1918–1992)はローティがのちにその博士課程に進んだイェール大学の哲学者ですが、ここにそのブランボーとともに先述のリチャード・マキーアンの名前を挙げて、両人から「同一の諸問題に対する競合する解答の連続としてではなく、まったく異なる問題群の連続として哲学史を見ることを学んだ」と言っていることにご注意ください。哲学の問題は、古来、普遍的で、いつの時代にも同じ問いが問われてきたと言われてきましたが、ローティはそうではなく、問題そのものが変化して今日に至っているのだという理解を、すでにシカゴ時代にマキーアンの影響下に持ち始めていたのです。

このように、シカゴにいる間に、ローティの関心は、「絶対的なもの」からそれへの疑念へ、そして変化するものを見ようとする精神史へと移っていきます。それと同時に、彼は、当時シカゴ大学にいた、論理実証主義(論理的経験論)を代表するルードルフ・カルナップ(Rudolf Carnap, 1891–1970)や、カルナップが読むように勧めたA・J・エアー(Alfred Jules Ayer, 1910–1989)の哲学を、「反駁できないが歓迎もできない」ものとして敬遠しています。ただし、それはローティがカルナップやエアーを読まなかったということを少しも意味していません。のちにローティが言うように、ヴィトゲンシュタインやセラーズやデイヴィドソンやブランダムの言うことを理解しようとするなら、彼らが反対しているラッセルやカルナップやエアーを当然読んでいなければならないのです。

敬遠と言えば、一九四九年に、レオ・シュトラウス（Leo Strauss, 1899–1973 ドイツ出身の哲学者で、ドイツ語読みでは「レオ・シュトラウス」、アメリカの彼の弟子筋は一般に「リーオウ・ストラウス」と発音します）がシカゴ大学に移ってきます。ローティが最も敬服していた学友の多くは、シュトラウスの信奉者たちでした。しかし、ローティは、シュトラウスの思想とは距離を置いていました。のちにローティは次のように述べています。

彼ら〔シュトラウスの信奉者たち〕がどうしてシュトラウスにそれほどの魅力を感じるのか、私にはとんとわからなかった。彼の『自然権と歴史』は、彼のプラトン講義同様、私には興ざめだった。シュトラウスは――シカゴの政治学科の彼の同僚の、楽観主義を決め込んでいるデューイ主義者たちには、それを持つことなど想像もできないような――ある種の秘伝の知恵の存在をほのめかし続けた。しかし、私にはその知恵がどのようなものか、皆目見当がつかなかった。以来、「シュトラウス主義」現象には、当惑するばかりである。（ローティ「知的自伝」より）

シカゴ時代。それはローティにとって、彼のその後を基本的に決定づけるような六年間でした。

絶対的なものに疑問を持ち、大自然になにかを見出そうとするワーズワース的な目は持ち続けながら、神学的思弁に進むことなく「気負いのない無神論」者であり、精神史に深い関心を抱き、論理実証主義的見解に追随はしないもののそれから離れてしまうこともない。受け入れたいもの／受け入れがたいものの区別はしっかりしながら、全方位的な視点を持ち続ける態度。こうしたローティの基本姿勢は、彼が、二〇歳で修士号を取得したときに、すでに身につけていたものでした。

ですから、私たちは、今述べたローティの姿勢のそれぞれの面について、それがどのようなものとなり、どのように他の面と連関し合っているかを、しっかりと確認するよう努めなければなりません。

博士課程

シカゴでの六年目、一九五一年の秋に、ローティは修士号を得たらそのあとどうするかを考えなければなりませんでした。そのときのことについて、のちにローティは次のように述べています。

今後の身の振り方についてほかによい考えがなく、一九五一年の秋に、哲学の博士課程に願書を出すことにした。私に深い感銘を与えていたすばらしい教師、デイヴィッド・グリーンは、社会思想委員会で博士号を取得するよう勧めてくれた。それは私にとって魅力的な提案だった。なんといっても、アラン・ブルームがしたように、奨学金を得てパリに行き、コジェーヴと仕事ができるかもしれなかったからである。しかし、結局私は、シカゴの酷寒の冬は六度の経験でもう十分だと判断した。私は、それぞれの大学でどのような哲学が教えられているのかほとんど知らないまま、ハーバードとイェールに願書を出した。知っていたのは、それらはいずれも名門校で、どちらで博士号を取得しても経歴としては悪くないということだけであった。

（ローティ「知的自伝」より）

ここにデイヴィッド・グリーン（David Grene, 1913–2002）の名が出てきます。先ほど、ほとんどなんの説明もせず、名前だけ挙げた人ですが、彼はアイルランド出身で、ダブリンのトリニティー・コレッジ（アイルランドなので「コレッジ」にしておきます）を出、一九三七年からシカゴ大学で古典学を教えていました。ギリシャ古典の翻訳等でよく知られている人です。この人は、ここに出てくる「社会思想委員会」の委員の一人です。

社会思想委員会（Committee on Social Thought）は、シカゴ大学の学際的博士課程プログラムで、一九四一年に歴史学者のジョン・U・ネフ、経済学者のフランク・ナイト、人類学者のロバート・レッドフィールド、学長のハチンズによって創設されました（創設時の名称は「文明委員会」［Committee on Civilization］でした）。人文・社会系の学問を十全に進めるためにはそれらが前提としている根本問題に広範に精通していなければならないとし、まず学生に、学際的な雰囲気の中で精選された古今の古典に広く精通することを求め、その上ではじめて専門とする学問分野の研究を行わせました。この委員会には、ハナ・アーレント、アラン・ブルーム、T・S・エリオット、デイヴィッド・グリーン、フリードリッヒ・ハイエク、ポール・リクールなど、多分野の優れた研究者が参加しました。アラン・ブルーム（Allan Bloom, 1930–1992）はローティ同様ハチンズ・カレッジで教育を受け、「社会思想委員会」の学生となり、ここに出てくるアレクサンドル・コジェーヴ（Alexandre Kojève, 1902–1968）の教えを受けました。ブルームは『アメリカン・マインドの終焉』（一九八七年）で知られる哲学者で、「グレートブックス」教育を強く擁護した人です。

ブランド・ブランシャード

ともあれ、右に引用したような次第で、ローティはハーバードとイェールに願書を出しましたが、ハーバードからは奨学金がもらえなかったので、奨学金を出してくれるイェールに行くことにしました。

イェール

一九五二年に、修士号を得たローティは、イェール大学に移ります。そこでローティに特に感銘を与えたのは、ブランド・ブランシャードとポール・ワイスでした。

ブランド・ブランシャード（Brand Blanshard, 1892–1987）は、ハーバードで学位を取った哲学者で、ローティは彼の授業には出ませんでしたが、一九三九年に刊行された彼の『思考の本性』の余白は、ローティが書き込んだ考察と反論で埋め尽くされていました。

ポール・ワイス（Paul Weiss, 1901–2002）は、ニューヨーク市立大学を卒業したあと、ハーバードでエティエンヌ・ジルソンやホワイトヘッドに学び、ホワイトヘッドの指導のもと、一九二九年に博士号を取得しています。

ポール・ワイス

ローティの博士論文を指導したのは、ワイスです。ローティはその博士論文について、後年次のように述べています。

ワイスは私の博士論文の指導教員であったが、博士論文は彼の影響よりもマキーアンの影響のほうが大きかった。扱いづらい六〇〇ページにわたるその論文は、「可能態の概念」（The Concept of Potentiality）という表題で、アリストテレスの『形而上学』第九巻のデュナミス〔可能態〕の説明、アリストテレスの可能態・現実態の区別に対するデカルトの拒否的扱い、仮定的条件法と法則性に関するカルナップとグッドマンの扱いを論じた。マキーアンは、そのような時代の異なる哲学者の比較・対照を専門としていた。私はシカゴで学んだ手法をイェールで応用したのだった。(ローティ「知的自伝」より)

分析哲学へ

イェール大学哲学科には、ローティがイェールの博士課程に入学したとき、カール・グスタフ・ヘンペル(Carl Gustav Hempel, 1905–1997)がいました。ヘンペルは、ドイツ生まれで、ゲッティンゲン、ベルリン、ハイデルベルクで数学、物理学、哲学を学びます。一九二九年にウィーンでウィーン学団の中心人物の一人であるルードルフ・カルナップと出合い、ウィーン学団に関わるとともに、ウィーン学団と方向を同じくしていたベルリン学派に属し、一九三四年にベルリン大学から博士号を取得します。一九三七年、ヘンペルはナチスの体制を嫌ってアメリカに移住、先にアメリカに移っていたカルナップの助手としてシカゴ大学に籍を置きます。その後彼は、一九三九年にニューヨーク市立大学に移り、一九四八年にはイェール大学に移っていました。

カール・グスタフ・ヘンペル

一九五五年、ヘンペルはプリンストンに移り、アーサー・パップ(Arthur Pap, 1921–1959)が彼の後任となります。パップはスイスのチューリッヒの出身で、第二次世界大戦の勃発とともにアメリカに逃れ、一九四一年にコロンビア大学に入学、イェール大学で修士号を得、コロンビア大学に戻って博士号を得た、分析哲学を代表する哲学者の一人です。

このように、イェール大学には、ローティが在籍した頃、ヘンペル、パップという有力な分析哲学者がいました。イェール大学哲学科では、分析哲学はけっして主流ではありませんでしたが、イェールに在籍した四年の間に、ローティは分析哲学にいっそう興味を抱くようになります。彼は、カルナップとクワイン（Willard Van Orman Quine, 1908–2000）を「現代の最も重要な哲学者」と見る一方で、彼らとは異なるタイプの分析哲学者、彼らほど「還元主義的」でも「実証主義的」でもない分析哲学者を捜すようになります。

ここで言う還元主義とは、人間が信ずべきことをある少数の特殊な真理にすべて基づくものとする考え方であり、また実証主義とは、人間が五感で観察できることを最後の拠り所とすべきであるという考え方のことです。

ウィルフリッド・セラーズ

そこでローティが見つけたのが、ウィルフリッド・セラーズ（Wilfrid Sellars, 1912–1989）でした。ローティはのちにセラーズについて次のように述べています。

こうして私はセラーズに行きあたった。それからの数十年、彼の「経験論と心の哲学」に導かれて歩き始めた小径を拡張し延長することが、私の仕事となった。セラーズは、カルナップのスタイル〔……〕と哲学史の完璧な知識と豊かな形而上学的想像力とを結びつけた。その論理崇拝と博識とロマンの交錯は、パースを彷彿とさせるものであった〔……〕。セラーズとパースは、多様で豊かな才能を持つという点においても謎めいた言い回しをするという点においても似ていた。しかし、セラーズはパースと違い、一群の整合的な教えを説いた。

セラーズが私の新たな哲学的ヒーローとなった。そして、それからの二〇年間、私が公刊したものはほとんどみな、彼の業績に便乗しようとするものであった。（ローティ「知的自伝」より）

けれども、ローティは先に述べましたように、分析哲学研究で学位を取ることはせず、一九五六年、二五歳になる前に、「可能態の概念」の研究により博士号を取得、イェール大学のポスドク講師になります。

IBM 704

兵役

一九五七年から翌年にかけて、ローティは、朝鮮戦争とベトナム戦争との間の平時に兵役に就きます。彼は陸軍通信隊のコンピュータ開発部に配属され、一九五四年に発表された初期のコンピュータ、ＩＢＭ７０４のプログラミングを学びました。

このときローティは、情報サーチ検索プログラムを書く際に「プリンキピア」表記法ではなく、無括弧「ポーランド」表記法を使用することを上官に勧めたことが認められて、国民兵役褒章を受けています。

ウェルズリー・カレッジ

ローティの博士論文を指導してくれたワイスが、除隊後の就職先を考えてくれて、ローティは一九五八年、ボストン郊外にあるウェルズリー・カレッジに職を得ます。ウェルズリー・カレッジは、「暮らしは質素に、思いは高く」という古くからのニューイングランドの理想を重んじる、アメリカの名門女子大学の一つで、ローティはここで、講師（instructor）、のちには助教授（assistant professor）として、一九六一年まで教育・研究に携わりました。

ローティはセメスター当たり三科目の授業を担当、倫理学や宗教学も含めて、さまざまな内容の授業を行いました。フッサールとハイデッガーとサルトルの思想を合わせて講じる授業も、ここで試みています。このいわゆる「大陸哲学」の授業の試みについて、ローティはのちに次のように述べています。

その授業はおもしろく、学生はそれを楽しんだと思う。「大陸」哲学と呼ばれ始めていたものを理解しようとする束の間の試みは、サルトルに対する少なからぬ称賛と、フッサールに対するのちのちまで続く嫌悪、ハイデッガーをもっと学びたいという欲求を、私に残した。私がその欲求を満たし始めたのは、やっと一〇年ほどあと、テニュアと、より大きな自信とを得、もっと自分の思うようにやっていいと思えるようになってからであった。（ローティ「知的自伝」より）

ローティのフッサール嫌いと、ハイデッガーへの関心については、のちに論じることにしますが、ともかく、先に述べた精神史への興味、分析哲学への関心、大陸哲学との関わりは、ずっとあとまでローティの思想の重要な柱として機能し続けます。

プリンストン大学

先に、ローティがイェールで特に感銘を受けた教授として、ポール・ワイスとブランド・ブランシャードの名前を挙げました。プリンストン大学の哲学科長のグレゴリー・ヴラストスがこのブランシャードからローティの学位論文の話を聞き、一九六〇年一一月に、ローティは、アメリカ哲学会の大会の場で、ヴラストスの面接を受けることになります。ヴラストスの「君はアメリカ哲学に貢献できると思うか」という問いに、ローティは「是非貢献したい」と答え、翌一九六一年秋から一年間、客員としてプリンストンでギリシャ哲学、特にアリストテレスを教えるよう、ヴラストスから求められます。こうしてローティは、プリンストンでギリシャ哲学を教えることになります。客員としての地位はさらに三年延長され、一九六五年まで続いています。

アメリカでは、助教授（assistant professor）は、准教授（associate professor）や教授（professor）とは違い、終身雇用権がありません。試験を受けて、終身雇用の資格を得なければなりません。この資格のことをテニュアと言います。この試験は難しく、その準備には才能と努力が必要です。ローティはこのテニュアを、一九六五年にプリンストン大学から与えられ、以後そこで准教授職と教授職を一九八二年まで続けることになります。

グレゴリー・ヴラストス（Gregory Vlastos, Γρηγόριος Βλαστός, 1907–1991）は、ギリシャ人を父とし、スコットランド人を母としてイスタンブールに生まれ、その地のアメリカンスクール、ロバート・カレッジを卒業後、ハーバード大学で博士号を取得したギリシャ哲学史家です。コーネル大学等で教えたあと、一九五五年にプリンストン大学の教授になります。このヴラストスについて、後年ローティは次のように述べています。

ヴラストスに対する私の気持ちは、私への思いもかけない個人的厚意に対する感謝の念と、少なからぬ畏敬の念とが、入り交じっていた。彼は、ホワイトヘッドの学生として出発した非常に目立った人物であった。彼は、若い頃、『クリスチャン・センチュリー』誌に寄稿する会衆派教会の非常勤牧師であった。しかし、コーネルで教えている間に、一種の転向経験をした。同僚のマックス・ブラックが、やるなら分析哲学であり、他の哲学者が提唱する個々のテーゼを鋭く批判すること――ブラック自身が好む哲学の仕方――こそ真の専門家の証であると、彼に納得させたのである。プリンストンに移ってからのヴラストスは、（数十年来沈滞していた〔プリンストンの〕哲学科をハーバードやオックスフォードの哲学科のようにしようと、全力を注いだ。）（ローティ「知的自伝」より）

ローティが在職していた間に、プリンストンには、このヴラストスと、イェールから移ってきたカール・グスタフ・ヘンペル、それに、スチュアート・ハンプシャー、ドナルド・デイヴィドソン、デイヴィッド・ルイス、トーマス・クーン、ソール・クリプキといった錚々たるメンバーが籍を置くことになります。ローティはプリンストン大学に在職できたことについて、のちに「信じられないほど幸運な転機であった」と述懐しています。

『心・言語・メタ哲学』（2014年）

一九六〇年代

プリンストンでローティは、次第に分析哲学の研究に力を注ぐようになります。のちに、一九六〇年代から七〇年代前半の論文が、彼が亡くなったあと、一書にまとめられて出版されました。リチャード・ローティ『心・言語・メタ哲学』(Richard Rorty, *Mind, Language, and Metaphilosophy: Early Philosophical Papers*, ed. Stephen Leach and James Tartaglia［Cambridge: Cambridge University Press, 2014］)です。若い頃の彼の仕事を確認するのに便利です。

ローティ自身は、この時期の彼の論文のなかで特に気に入っているものとして、次の三つを挙げています。

(1)「プラグマティズム・カテゴリー・言語」(一九六一年)
(2)「主観主義の原理と言語論的転回」(一九六三年)
(3)「心身同一性・私秘性・カテゴリー」(一九六五年)

(1)と(2)は、体系を構築するタイプの哲学と、分析によって正体を暴露するタイプの哲学とをつき合わせ、その一致点を明らかにすることによって違いを浮き彫りにしようとするものです。ローティはこのような仕方で一見対立するように見える哲学者たちの地平を融合するやり方(「地平融合」［ドイツ語では Horizontverschmelzung ホリツォントフェアシュメルツング］は、ハイデッガーの影響を受けたハンス゠ゲオルク・ガーダマー［Hans-Georg Gadamer, 1900–2002］の言葉で、ローティが好んで用いました）を、シカゴ大学時代に学んだマキーアンの名を用いて、「マキーアン的戦略」と呼んでいます。（1）では、体系構築的哲学者としてパースが、正体暴露的哲学者としてヴィトゲンシュタインが取り上げられ、（2）では、体系構築的哲学者としてホワイトヘッドが、正体暴露的哲学者としてセラーズが取り上げられています。

（3）については、ローティはのちに次のように述懐しています。

> このような比較対照型ではない私の最初の論文は、「認知はすべて言語的出来事である」というセラーズの見解を、感覚は脳過程と同一かという問いに適用するものであった（「心身同一性・私秘性・カテゴリー」一九六五年）。この論文は、歴史を回顧するのを避けながら、哲学専門誌で進行中の論争に寄与することによって、ヴラストスと、ハーバードやオックスフォードで教育を受けた同僚たちの、歓心を買おうとするものであった。私は、流行の最先端ではないシカゴやイェールで教育を受けたという事実が露見しないものを書きたかった。
>
> その論文はかなりの好評を博し、自分は分析哲学の仕事でやっていけるかもしれないと思うようになった。（ローティ「知的自伝」より）

ローティの言うように、「心身同一性・私秘性・カテゴリー」（"**Mind-Body Identity, Privacy, and Categories**"［1965］）は、「心の哲学」と呼ばれている分野の古典的論文として扱われるようになります。ローティの見解は、「消去的唯物論」（eliminative materialism）と呼ばれ、我が国でもローティは久しくこの見解を提示した人として知られていました。ローティのこの分野の仕事は、一九七九年に出版される彼の最初の本、『哲学と自然の鏡』の第一部のもとになりました。

論集『言語論的転回』

分析哲学による言語分析への方向転換を表すためにグスタフ・ベルクマンが使用した「言語論的転回」という言葉は、二〇世紀後半に広く用いられ、議論の的になりました。この言葉が流布するにあたって大きな役割を果たしたのが、ローティが編集した一九六七年刊の論集『言語論的転回』（Richard Rorty［ed.］, *The Linguistic Turn: Essays in Philosophical Method*［Chicago: The University of Chicago Press, 1967］）でした。文献に対するローティの目配りの広さもさることながら（これについてローティはのちに「どの書き物をそれに入れるかを決めるため〔「分析」哲学者ないし「言語論的」哲学者が〕書いたメタ哲学的論文を、見つかる限りすべて読んだ」と言っていますが、それはもう、ごもっともと言うしかありません）、この論集に付された長い「序文」が示す彼の哲学観が、ローティを知る上で重要な意味を持っています。

ローティは、言語論的哲学を、「哲学的問題は、言語の改良ないし現行の言語のよりいっそうの理解によって解決（ないし解消）されるような問題である」と見る哲学と捉えた上で、この言語論的哲学が進めた言語論的転回という哲学革命について、それまでの哲学革命同様、それを絶対的なものではなかったと主張します。

この序文でローティは二つの問題を論じます。一つは、（1）言語論的哲学者が哲学の本性と方法について行う主張は「無前提」かという問題であり、もう一つは、（2）言語論的哲学者は、言語論的哲学の個々の営みがうまくいったかどうかを判定するための、合理的合意が可能な明確な規準を手にしているか、という問題です。ローティは、理想言語哲学も日常言語哲学も、さまざまな思い込みをもとにして哲学の本性や方法に関する主張を行っていたと見ます。また、その方法に基づく作業のどれがうまくいっているかを判定するための明確な規準が、必ずしも存在してはいなかったと考えます。したがって、結局ローティは、右に挙げた二つの問題のいずれに対しても否定的に答え、最後に、この否定的回答の延長線上で、次のように述べるに至ります。

『言語論的転回』第1版（1967年）

> 過去三〇年の間に哲学に起こった最も重要なことは、言語論的転回そのものではなく、プラトンとアリストテレス以来哲学者を悩ませてきたある認識論的問題の徹底的な見直しが始まったことである。〔……〕もし伝統的な知識の「観衆」説が覆されるなら、それに取って代わる知識説は、哲学のあり方〔……〕を全面的に変え

ることになるであろう。（ローティ編『言語論的転回』序文より）

デューイの進めた「知識の観察説」批判を言語論的哲学すなわち分析哲学の現状に重ね、それとハイデッガーやサルトルやガーダマーらのいわゆる「大陸哲学」の論点とをつないで、「自然の鏡」的人間観を全面的に批判しようとする彼の方向性の一面が、ここに明確に認められます。

この方向性が一二年後（一九七九年）に形を整えて世に現れたのが、『哲学と自然の鏡』（Richard Rorty, *Philosophy and the Mirror of Nature* [Princeton: Princeton University Press, 1979]）です。

『哲学と自然の鏡』

先ほど、「正体を暴露するタイプの哲学」という言い方をしましたが、ローティはこうした分析哲学の批判的検討を進めていくうちに、ヴィトゲンシュタインが『哲学探究』で提示した「哲学的問題とは哲学者が迷い込んだ袋小路にすぎない」という考えにいっそう共感するようになり、その結果、「近代哲学の発展についての歴史物語」を書き始めます。これが、彼の最初の著書、『哲学と自然の鏡』です。

ローティはこの書について、後年次のように述べています。

心身問題はデカルトが人間を不適切に描いたために生じた人為的なものであると、『哲学と自然の鏡』は論じた。それは続けて、人間の状況をデカルト風に描くのをやめるなら、カントが定式化した「認識の問題」は解消できると主張した。私は、そうした描き方の変化とともにさまざまな哲学的問題がいかに生成・消滅するかを示し、それによって、「認知はすべて言語的出来事である」という――私がセラーズとヴィトゲンシュタインに見出した――主張から何が帰結するかを明らかにしようと試みた。（ローティ「知的自伝」より）

ローティの言うとおり、『哲学と自然の鏡』第一部では、心の哲学に関する自身の批判的見解を用いてデカルト批判が進められ、第二部ではロックとカントがそのデカルトを踏み台にしてどのように道を誤ったかが論じられます。そして、第三部では、ハイデッガーやガーダマーやサルトルなどのいわゆる「大陸哲学」の思想が援用されて、哲学が定まったゴールに進むのではなく自らを乗り越えていく営みであることが論じられます。

つまり、それ自身で定まっているなにかという「自然」の原義に戻り、人間の意思とは関わりなく定まった真理を鏡のようにあるがままに映すよう努め、それに従って生きていく。こうした人間の「使命」の伝統的な捉え方に対して、いまやそれと決別

『哲学と自然の鏡』（1979年）

すべきであるとローティは言うのです。その意味で、『哲学と自然の鏡』のローティの主張は、その主張自体の歴史性の自覚とあいまって、全面的な人間観の変更を私たちに促そうとするものでした。ですから、当然のことながら、それは多くの論議を呼ぶことになりました。

ハイデッガーとヘーゲル

一九七〇年代から、ローティは後期ハイデッガーを読み始め、一九八〇年代には、分析哲学とプラグマティズムとハイデッガーの「存在の歴史」との関係について、整合的な物語を書こうとします。それと同時にローティは、「哲学はその時代を思想の内に捉えたものである」というヘーゲルの見方を受け入れ、非歴史主義的哲学に対して、歴史主義的哲学を、望ましい哲学として対置するようになります。

ケンブリッジ大学出版局から一九九一年に出版された論集『客観性・相対主義・真理』（Richard Rorty, *Objectivity, Relativism, and Truth: Philosophical Papers, Volume 1* [Cambridge: Cambridge University Press, 1991]）と『ハイデッガー論ほか』（Richard Rorty, *Essays on Heidegger and Others: Philosophical Papers, Volume 2* [Cambridge: Cambridge University Press, 1991]）は、その成果をまとめたものです。

この時期、ローティは、引き続き哲学的諸問題に対するヴィトゲンシュタインの治療的アプローチを支持するのですが、その分、彼の目には、プリンストンの同僚だったクリプキの『名指しと必然性』における試みが、「まさしく方向を誤った指し手」と映ることになります。すでにローティは、「一九七〇年代には、分析哲学「界」を自己防衛的反動と見るように」なっていました。これと並行して、ローティは、「哲学の学生が哲学を始めるには今専門誌で何が論じられているかを知るだけでよいという考えと、メタ哲学の軽蔑」に、苛立ちを募らせるようになります。これについて、彼は亡くなる前に、次のように述べています。

> 非常に多くの若い分析哲学者が、自分が取り組んでいる問題がどこから来たかを問う必要はなく、哲学史の研究を厄介な履修要件と見る必要もないと思っていることに、私は今も不安を感じる。歴史研究とメタ哲学的反省を忌避する哲学の学生は、自分の教師が大学院でたまたま扱った短命な問題の専門家たるべく自らを運命づけようとしているように私には思われる。自分の生涯のほとんどを捧げてきた話題になぜもう誰も関心を持たないのかと、よく彼らが後年になって訝るのは、そのためである。もちろん、熱狂的な若い哲学者が束の間の流行で道を誤るのを避ける、確実な方法はない。だが、メタ哲学と歴史研究は、そのための助けになる。（ローティ「知的自伝」より）

『ハイデッガー論ほか』（1991年）

バージニア大学で

一九七九年の『哲学と自然の鏡』でも、特にその第三部に、いわゆる「大陸哲学」への言及がありましたが、ともかく一九八〇年代のはじめまで、ローティは大陸哲学の研究を勢力的に進めました。そして、それと並行して、彼は、別の職場を探そうとします。その理由を、ローティは後年、次のように述べています。

ニーチェやハイデッガーやデリダについてたくさんのことを教えようと思うのであれば、哲学の博士課程で教えるのはやめたほうがよいと私は思った。当時、「主流」部局の院生が、そういった人物に興味を示し、なおさらそういった人物を学位論文のテーマにしようものなら、それは、専門的職業で成功を収める機会を狭めることを意味した。アメリカの一流の研究大学のたいていの哲学科は、「大陸哲学」を「おまけ」とみなし、学部生の低級な趣味に迎合するためにだけカリキュラムに組み込んでいた。そのため、多くの場合、それは、消耗品扱いの教員、つまり、同僚から当該学問への貢献者とは思われておらず、概して六年経ったら解雇されてしまう助教授（assistant professor）が担当していた。私は、この種の侮辱的な扱いを受ける博士号取得者を、あえて作りたくなかった。（ローティ「知的自伝」より）

ローティの希望を、当時バージニア大学の英文科の主任であったE・D・ハーシュ・ジュニアが叶えてくれました。彼はローティのために、どこの部局にも属さない「人文学ユニヴァーシティ・プロフェッサー」のポストを用意してくれたのです。ローティは一九八二年から一九九八年までここで仕事をし、分析哲学はもとより、大陸哲学や文化政治など、広範な問題について考察を進めます。その一つの成果が、一九八九年にケンブリッジ大学から出版された『偶然性・アイロニー・連帯』（Richard Rorty, *Contingency, Irony, and Solidarity* [Cambridge: Cambridge University Press, 1989]）でした。

（私事ですが、一九八六年の夏、そのとき私はまだ三〇代の半ばでしたが、ローティから私の手許に『ロンドン・レビュー・オヴ・ブックス』に掲載された三つの論文が届きました。のちに『偶然性・アイロニー・連帯』の第一部となった「偶然性」論文でした。確かに、その三つの論文は、いかにもローティらしい趣きのものでした。けれども、ローティからもらったその「宿題」は、私にとって結構重いものでした。というのも、私自身ローティの立ち位置にいまだ立ち切れていなかったからです。）

『偶然性・アイロニー・連帯』（1989年）

『偶然性・アイロニー・連帯』は、生前、ローティが最も気に入っていた本でした。この本の中でローティは、フランス革命以前に若い人たちに生き方を考えさせる役割を果たしたのは論証的専門書だったが、今日その仕事のほとんどは「想像力の仕事によって――特に、小説や、社会的・政治的ユートピアの企てによって――引き継がれている」と主張しました。自然科学をまねたアカデミックな哲学は今や社会におけるそうした役割を果たすことができず、それは今、「一九世紀と二〇世紀に発達した文芸文化と和解するよう試みる」必要があるとローティは説いています。ローティにとってみれば、知的環境が変わったのであり、分析哲学者は、その環境の変化に、「大陸」哲学者ほどうまく順応できていないのです。

けれども、これは、分析哲学そのものを単なる退歩と見るものではありません。分析哲学の自己解体を担った人々、クワインやセラーズやデイヴィドソンやブランダムの仕事は、ローティの見るところ、ラッセルやカルナップの手本があったからこそ、ラッセルやカルナップの仕事の内在的批判をあれほどの鋭さで進めることができたのだと、ローティは見ています。

『われわれの国を実現する』
(1998年)

最後のメッセージ

一九九八年にローティはアメリカ西海岸のスタンフォード大学に移り、二〇〇五年まで比較文学の教授を務めました。この時期彼は、一九九八年には『われわれの国を実現する』（Richard Rorty, *Achieving Our Country: Leftist Thought in Twentieth-Century America*〔Cambridge, Mass.: Harvard University Press, 1998〕）と『真理と進歩』（Richard Rorty, *Truth and Progress: Philosophical Papers, Volume 3*〔Cambridge: Cambridge University Press, 1998〕）を、また退職後、亡くなる直前の二〇〇七年には、『文化政治としての哲学』（Richard Rorty, *Philosophy as Cultural Politics: Philosophical Papers, Volume 4*〔Cambridge: Cambridge University Press, 2007〕）を出版しています。

二〇〇七年六月八日、ローティは膵臓癌で亡くなりました。七五歳でした。亡くなる前に、彼は次のような言葉を残しています。

『文化政治としての哲学』（2007年）

「絶対的なものはあるか」という問いに共鳴する者のいない時代を、私は心待ちにしている。その問いを問うことは、自分自身の有限性を受け入れることができないことの表れであり、いつか人間は自らの存在の歴史性と偶然性からもはや逃れようとはしないだろうと私は思いたい。その日が来れば、そもそも私が哲学を学ぶきっかけとなったプラトンとニーチェの対立は、もはや若者の想像力をかき立てることはないであろう。しかし、そういうことになっても依然として哲学は存在するであろう。なぜなら、依然として文化政治は存在するだろうからである。知的自由が存在する限り、ある人々は自分が育った文化の概観を望むであろう。なぜなら、それを望むことが、もっとよい文化の輪郭を描くのに役立つからである。「哲学」は、そうした概観を得ようとする試みの最もよい名称であり、「文化政治」は知的世界に変化を生み出そうとする試みの最もよい名称である。（ローティ「知的自伝」より）

最後に、残された家族について、一言述べておきたいと思います。ローティは、一九五四年、イェールの院生のときに、彼と同じくシカゴとイェールで学んだ哲学者アメリー・オクセンバーグ（Amélie Oksenberg, 1932–）と結婚、一九六一年に一児（ジェイ Jay Rorty）をもうけますが、一九七二年に離婚、同年、生命倫理学者のメアリー・ヴァーニー（Mary Varney, 1939–）と再婚しています。メアリーとの間には、二子、パトリシア（Patricia Rorty）とケヴィン（Kevin Rorty）がいます。

第2章

言語論的転回

ローティと分析哲学

ローティは、一九六〇年代はじめに教員としてプリンストンに在籍するようになりますが、そのときすでに、ハイデッガーやフッサールのそれも含めて、広範な思想に関心を向けるようになっていました。このことは、前章での話からご理解いただけたと思います。彼は、プリンストンでは、ギリシャ哲学を講じ、プラグマティズムに関わりつつ、分析哲学への関心を深めていきます。そのときのことについて、彼はのちに次のように語っています。

私はプリンストンに着くとすぐ、おそろしく才気があり驚くほど頭の回転の速い新たな同僚たちが何について論じているかを探るのに四苦八苦しなければならなかった。私はイェールに行ったことによって何を失ったか知りたくてたまらなかった。同僚の尊敬を勝ち取るには、彼らが関心を持っているなんらかの問題に言及し、いくぶんなりとも彼らと同じスタイルでものを書かなければならないと思った。

私はある種の分析哲学者に変身しようと努める一方で、テニュアの十分な根拠となるよう業績の刊行に最善を尽くした。テーマとして何を選ぶかは、依然私を捉えていた形而上学的体系構築の魅力と分析的正体暴露の魅力の対立が、これを決した。(ローティ「知的自伝」より)

ここでローティは、「ある種の分析哲学者に変身しようと」と言っていますよね。この六〇年代の彼の一連の仕事は、分析哲学に深く関わるものの、けっして分析哲学の動向を全面的に肯定するようなものではありませんでした。そもそも、分析哲学と総称される哲学運動は、一九六〇年代にはすでに大きくその舵を切り直していました。ですから、ローティが分析哲学者に変身したと言っても、彼が賢明な哲学者である限り、かつての分析哲学の主張を単に継承するようなことはありえないことでした。とはいえ、分析哲学の体制そのものが大幅に変わったことを多くの人々が本当に自覚したのはもう少しあとのことで、実は、ローティの仕事自体が、分析哲学の変貌に大きく関わっていたのです。

私が念頭においているのは、彼が編集し一九六七年に刊行した論集『言語論的転回』(*The Linguistic Turn* [1967]) と、彼がそれに付した長い「序文」です。この論集は、「言語論的転回」と呼ばれる一連の動きを担った人々の重要文献を一冊の本にまとめたもので、今日でもなお読み継がれています。この本によって、一九六七年までの分析哲学の基本的動向とその変容の本質的な部分を、私たちは押さえることができます。

こうした事情から、まず、ローティが分析哲学とどのように関わり、どのような知見をそこから引き出したかを見ておきたいと思います。しかし、それをできるだけ十全に進めるには、そもそも言語論的転回とは何か、から見ておかなければなりません。そこで、本章では、ローティが生まれる一九三一年頃までの分析哲学の基本的動向の話に、おつきあいいただければと思います。

そのあと、次章で、ローティの話に戻ります。

言語論的転回

分析哲学と言語論的転回。分析哲学の話なのに「言語論的転回」という言い方をすることを、疑問に思われるかもしれませんね。これから説明しますように、言語論的転回というのは、「分析哲学」（英語では **analytic philosophy** アナリティック・フィロソフィー）と総称される哲学運動が基本的に採用した「転回」、方向転換のことです。そういう方向転換ならほかにも見られるじゃないかということで、分析哲学以外の分野の動向についてもこの言葉が使用されることがありますが、本来この言葉は、分析哲学が進めた方向転換とそれに基づくさまざまな試みに対して使用される言葉でした。ですから、その意味で、言語論的転回の話は分析哲学の話とほぼ同じということになります。

そこで、まずはこの「言語論的転回」という言葉のルーツです。

第1章で、すでに私たちは、分析哲学の代表的な人物を何人か見てきました。もちろん、ほとんど名前だけですけど。そう。ローティがシカゴで授業を受けたルードルフ・カルナップ（**Rudolf Carnap, 1891–1970**）、彼に読むよう勧められたA・J・エアー（**Alfred Jules Ayer, 1910–1989**）。一九五五年までイェールにいたカール・グスタフ・ヘンペル（**Carl Gustav Hempel, 1905–1997**）、ヘンペルの後任のアーサー・パップ（**Arthur Pap, 1921–1959**）。ハーバードのW・V・クワイン（**Willard**

Van Orman Quine, 1908–2000）。ほかにもすでに名前は挙がっているのですが、実はこういう人々は、「ウィーン学団」と呼ばれる知識人集団と、それぞれの仕方で関わりを持っていました。

ウィーン学団。ドイツ語で Wiener Kreis（ヴィーナー・クライス）、英語では Vienna Circle（ヴィエナ・サークル）と言います。

このウィーン学団、分析哲学の典型をなすような運動母体だったものですから、これについてどうしてもお話ししておかなければなりません。が、その前に、そう、「言語論的転回」という言葉のルーツですよね。この言葉を使い始めたのは、ウィーン学団に関わりの深い、グスタフ・ベルクマン（バーグマン、Gustav Bergmann, 1906–1987）という人でした。

ベルクマンは、オーストリアのウィーンに生まれ、ウィーン大学で数学の学位を得ています。「ウィーン学団」に参加し、ベルリンでアインシュタインの助手を務めたあと、ナチスの迫害を逃れてアメリカに移り、アイオワ大学の教授になります（そういうわけで、ドイツ風に「ベルクマン」と呼ばれたり、英語風に「バーグマン」と呼ばれたりします。ドイツ語の場合、実際には「ベアクマン」に近く聞こえます）。

彼は、一九五二年刊行の「言語論的哲学の二つのタイプ」（"Two Types of Linguistic Philosophy" [1952]）等の論文において、「言語論的転回」（linguistic turn）という言葉を使用しました。一九五二年と言えば、ローティがイェール大学大学院博士課程に入った年ですよね（因みに、私が生まれた年でもあります。関係ないか。あはは）。

さて、その「言語論的哲学の二つのタイプ」の冒頭で、ベルクマンは次のように述べています。

最近哲学は言語論的転回を行った。これは少なくとも、最近の一世代ないし二世代の間に英語圏の国々で続いてきた全哲学活動の大部分、しかも、一般に認められていることだが、その重要部分について言うことができる。〔……〕この言語論的転回の原因、あるいは、そう言ってよければ、その運動のルーツは、すべての主要な思想運動のルーツがそうであるように、多く、しかも非常に入り組んでおり、また、一部どういう人が関わったのかよくわからないところもある。にもかかわらず、三人の人物、ムーア、ラッセル、ヴィトゲンシュタインの影響は、際立っている。（ベルクマン「言語論的哲学の二つのタイプ」より）

ここに、ムーア、ラッセル、ヴィトゲンシュタインという三人の名前が出てきますよね。そうなんです。言語論的転回の（つまり分析哲学の）基盤を作った人について語る場合、この三人は外せません。そこで、この三人の、分析哲学運動の基盤となった仕事の基本を、先に述べたウィーン学団との関係も交えて、見ておくことにします。

ラッセル

バートランド・ラッセル（Bertrand Russell, 1872–1970）。ヴィクトリア女王のもとでイギリスの首相を二度務めた初代ラッセル伯爵ジョン・ラッセル（John Russell, 1792–1878）を祖父として、一八七二年にウェールズのトレレック（Trellech）に生まれました（そのようなわけで、父が早世し、第二代ラッセル伯爵となった兄の死後、彼は第三代ラッセル伯爵となっています。因みに、ラッセルの名親は哲学者のジョン・スチュアート・ミルでした）。ラッセルはケンブリッジ大学トリニティー・コレッジで教育を受け、数学と哲学で頭角を現し、一八九四年に卒業、トリニティー・コレッジの講師を務めます。しかし、一九一六年、第一次世界大戦中の反戦運動により解雇され、一九一八年には四ヶ月半投獄されるに至っています（判決は「六ヶ月」でしたが、のちに減刑され、五月から九月半ばまでの収監となりました）。戦後一九一九年に復職が決まるものの、翌年辞職、その後も大学との関わりはありましたが、基本的にはフリーランスの著述家の道を歩みます。

バートランド・ラッセル

そうしたことからも推測されるとおり、ラッセルの活動はいわゆる哲学に限らず、極めて広範に及びます。その中で、とりわけ言語論的転回に関わりの深いものを、いくつか取り上げてみましょう。

言語の見かけの構造と論理的構造

数学と論理学の研究の中で、ラッセルは言語の見かけの文法的構造が、その論理的構造と必ずしも一致していないことを重視します。

私がこの説明によく使う、身近な例を挙げてみましょう。「AさんとB君は友だちである」というのと、「AさんとB君は学生である」という二つの文は、どちらも一見「AさんとB君」を主語とし、「友達である」もしくは「学生である」を述語とする同じ構造を持つ主語と述語からなる文（主語述語文）に見えます。けれども、論理的には、「AさんとB君は学生である」は「Aさんは学生である」と「B君は学生である」という二つの文を同時に主張する文、つまり、「Aさんは学生でありかつB君は学生である」という文を短くしたものと考えられるのに対して、「AさんとB君は友だちである」という文はこれを分析して「Aさんは友だちでありかつB君は友だちである」という文を短くしたものと見ることはできません。「AさんとB君は友だちである」という文は、AさんとB君との間に成り立つ「関係」を述べるものであって、AさんとB君を切り離してそれぞれについてなにかを述べるものとは見られないのです。

このように、身近なありふれた文の場合にも、文の見かけの構造が文の論理的構造を明確に表しているとは限りません。

ラッセルはこのような観点から、文の構造を分析してその論理構造を明らかにするための一つの手法として、「記述理論」と呼ばれるものを提示します。

記述理論

ある対象を指し示すのに使われる言葉には、「ローティ」とか「ラッセル」とかいった固有名詞もあれば、「かくかくしかじかのもの」といったようにその対象がどのようなものであるかを述べるような言い方をするものもあれば、「あれ」とか「これ」とかのように直接指し示すような言い方もあります。実際にはこれらが組み合わさったものがよく見られます。例えば「あの家」のように。ところで、「かくかくしかじかのもの」、例えば「日本で一番高い山」とか「『言語論的転回』の編者」とかいった言い方は、対象がどのようなものであるかを記述する言い回しですから、これを「記述」（description）と呼びます。「ローティ」とか「ラッセル」とかを「固有名詞」または「固有名」（proper name）、そして、今言った「かくかくしかじかのもの」のような表現を「記述」と呼ぶのに対して、「あれ」とか「これ」とかいうのは「直示語」（demonstrative ディモンストラティヴ）と呼ばれます。ここで問題となるのは、「記述」です。

ラッセルは、一九〇五年に発表した「表示について」（"On Denoting"［1905］）という論文において、記述を主語とする文について、ある考察を行いました。

ラッセルが挙げた例に、「現フランス王ははげ頭である」（"The present King of France is bald."）というのがあります。この文は、見たところ、「現フランス王」という記述を主語とし、「はげ頭である」を述語とする「主語述語文」です。

もしこれが本当に単純に一つの主語と一つの述語からなる文であるとしますと、その否定形は「現フランス王ははげ頭ではない」というものになります。で、一般に、主語述語文の場合、肯定文と否定文が考えられますが、その場合、どちらかが真であればもう一方は偽であるということになりますよね。例えば、「ソクラテスはギリシャ人である」、「ソクラテスはギリシャ人ではない」という二つの文の場合、「ソクラテスはギリシャ人である」が真であれば「ソクラテスはギリシャ人ではない」は偽ですし、「ソクラテスはギリシャ人である」が偽であれば「ソクラテスはギリシャ人ではない」は真であることになります。ところが、「現フランス王ははげ頭である」と「現フランス王ははげ頭ではない」という二つの文の場合、どちらかが真でもう一方が偽であるということになるかというと……、そうはなりそうにないですよね。というのも、一九〇五年の時点では、「現フランス王」なるものはいませんから。で、どうしたものかということになります。

おもしろいことに、ラッセルによれば、「現フランス王ははげ頭である」も「現フランス王ははげ頭ではない」も、どちらも偽なのです。どうしてそういうことになるのでしょうか。

そもそもラッセルは、「現フランス王ははげ頭である」という文は、実は単純な主語述語文ではなくて、三つの文を「かつ」でつないだものだと言うのです。

まず、「現フランス王」から始まる文を発している人は、現フランス王がいる、あるいは、あるものは現フランス王である、ということを念頭に置いているはずです。ですから、まず、「あるものは現フランス王である」という文が、実は「現フランス王ははげ頭である」という文の要素となっていると、ラッセルは考えるのです。

そして、その現フランス王と言われているものが、「はげ頭である」と言われているわけですよね。つまり、「あるものは現フランス王である」という文に続いて、さらに、「それははげ頭である」というのが「かつ」でつながって続いていると、ラッセルは考えます。

で、それで終わりかというと、そうではありません。「現フランス王ははげ頭である」と主張するとき、その現フランス王なるものは一人しかいないということが、当然考えられているとラッセルは言います。つまり、「現フランス王ははげ頭である」という文には、さらにそのことが要素として含まれている、つまり、「それ以外に現フランス王はいない」ということが同時にその文によって言われている、とラッセルは考えます。

ということはつまり、「現フランス王ははげ頭である」という文は、実は「あるものは現フランス王である」と「それははげ頭である」と「それ以外に現フランス王はいない」という三つの文が「かつ」でつながれたものであり、それがぎゅっと圧縮されて「現フランス王ははげ頭である」となったものだ、というわけです。

ところで、「かつ」というのは、それでつながれたものすべてがみな真でなければ全体として真とはならないという性格を持ちます。しかるに、つながれた三つの文のうち、「あるものは現フランス王である」は、一九〇五年段階では偽ですよね。ということは、「かつ」でつながった三つの文のうちの一つが偽であるわけですから、もうそれだけで全体として偽、つまり、「現フランス王ははげ頭である」という文は偽である、ということになります。

それでは、否定文のほう、「現フランス王ははげ頭ではない」の場合はどうでしょうか。この場合には、「あるものは現フランス王である」と「それははげ頭ではない」と「それ以外に現フランス王はいない」という三つの文が「かつ」でつながっていることになります。ところが、この場合にも、要素となる三つの文の一つ目、「あるものは現フランス王である」が、先ほどと同じように偽です。ですから、この否定文の場合にも、全体として偽ということになります。

そのようなわけで、ラッセルによれば、「現フランス王ははげ頭である」も、その否定形である「現フランス王ははげ頭ではない」も、いずれも偽であるということになるのです。

ラッセルが「記述」を含む文に対して行ったこのような分析の仕方は、「記述理論」(theory of descriptions) と呼ばれています。記述理論は、このように、文の見かけの構造ないし形式に対して、その真の構造、つまり論理的構造ないし論理形式を明らかにする手法と見られるもので、一九〇五年の論文「表示について」に見られるラッセルのこの考え方は、「分析哲学」と総称される哲学運動において、永らく、言語分析の手法のモデルケースの一つと見なされました。

感覚与件（センス・データ）

私たちが使っている言語の本当の論理構造を明らかにする——ラッセルのこの試みは、数学を論理学の観点から捉える試みと並行して進められたものでした。これらの試みから、さまざまな言語分析の手法が開発されることになるのですが、こうした手法と深く関わることになったのが、「感覚与件」に関する彼の考え方でした。

感覚与件というのは、私たちの感覚において感じられるがまま、例えば、見えているがままの色とか聞こえているがままの音とかのことです。

今私は「感じられるがまま」とか「見えているがまま」とか、強調した言い方をしましたが、それは、そこに私たちの考えとか解釈とかを一切持ち込まない、ということの表明です。まったく見えているがまま、聞こえているがまま、感じられているがまま、それを「感覚与件」と言うのです。

感覚与件は、英語では単数で「センス・データム」（sense-datum もしくは sense datum）、複数で「センス・データ」（sense-data もしくは sense data）と言います。「データム」と「データ」（本当は「デー」の母音は二重母音の「エイ」ですから「デイタム」と「デイタ」が原音に近いのですが、ここでは慣用に従っておきます）は、もとはラテン語です。ラテン語の「与える」を意味する動詞 do（ドー）の、英語風に言えば過去分詞を名詞化したもので、単数は datum（ダトゥム）、複数は data（ダタ）と言い、「与えられたもの」を意味します。これが英語風に発音されて、「データム」、「データ」となっているのです。そこで、「感覚に与えられたもの」を表す言葉として、「センス・データム」や「センス・データ」が使われるようになりました。我が国では「感覚与件」や「感覚所与」、あるいはカタカナ書きで「センス・データ」と言われています。

この言葉は、一八八〇年代から一八九〇年代にかけて、アレグザンダー・キャンベル・フレイザー（Alexander Campbell Fraser, 1819–1914）、ウィリアム・ジェイムズ（William James, 1842–1910）、ジョサイア・ロイス（Josiah Royce, 1855–1916）が使い始めたものですが、考え方そのものは古代ギリシャからありました。そして、この言葉と考え方について立ち入った考察を進めたのが、ラッセルと、先ほど名前の出てきたジョージ・エドワード・ムーアです。

ムーアについてはのちほどお話しすることにして、まずはラッセルが感覚与件についてどのように考えたかです。

感覚与件は、私たちが目を閉じるとか耳をふさぐとかなにかに触れるのを避けるとかすることによって、感じなくすることはできますが、それがどのように感じられるかは、基本的に私たちの意志とは関わりがないと考えられます。目を開けばある色や形が見えますし、いやでもなにか、音が聞こえます。このように、私たちの意志や考えとは関わりなく与えられているもの、これは、ある人々にとっては、大変魅力的なものでした。

どういう意味で魅力的かというと、私たちの考えは間違っている可能性があるとしても、感覚与件は私たちの考えとは関わりなく私たちに与えられているのですから、その意味でそれは私たちにとって「絶対に確か」なものです。「感じられるがまま」には、間違いようがありません。ラッセルは感覚与件のこの特徴に魅力を感じた哲学者の一人でした。彼は言語分析による言語の論理構造の解明を試みるのと並行して、私たちの言語が言語外のなんらかのものと結びついているとすれば、その言語外のものの典型は（他の直接与えられるものとともに）この絶対に確実な感覚与件でなければならないと考えました。

論理的固有名

言語の中で、なんらかの言語外のものと直接つながり、それを指し示す言葉、これをラッセルは固有名（**proper name**）と呼びました。固有名と言えば、先ほど言いましたように、「ラッセル」とか「ローティ」とか、「空海」とか「咲村紫苑」とか、そういうものですよね。ところが、ラッセルはそういう、私たちが普通、固有名だと思っているものを、固有名とは考えないのです。彼は、私たちが普通に固有名として扱っているものは、本当は「記述」だと言うのです。

説明しましょう。なんらかのものが存在するとかしないとかいう文、これを「存在文」と言います。今、私たちが固有名と考えている言葉を主語とする存在文を、考えてみましょう。固有名はなんらかの存在する対象と直接つながりそれを指し示すものであって、対象が存在することがそれを使用するための前提条件であるとよく言われます。そうだとしますと、例えば「詩島萌々（しとうもも）は存在する」という存在文の場合、「詩島萌々」が使用可能な固有名であるとすれば、その言葉で名指される対象が存在するのは当然のこととなります。ですから、「詩島萌々は存在する」という存在文は言わなくていい当然のことを言っていることになりますし、「詩島萌々は存在しない」は矛盾したことを言っていることになります。というのも、「詩島萌々」という固有名が使用できるための前提条件であるある対象の存在を、その文自体が否定しているからです。

そこで、このような考えをはじめとした一群の考えをもとに、ラッセルは、私たちが普通「固有名」と見なしているものは、本当は固有名ではなく「記述」であるとしたのです。

記述というのは、「かくかくしかじかのもの」という表現のことですよね。ラッセルの見解に従えば、例えば「詩島萌々」という固有名は、「二〇一六年に結成されたオフィス系アイドルグループ「カプ式会社ハイパーモチベーション」の、山形県出身のメンバー」のような「記述」を圧縮したものだということになります。なぜかと言うと、詩島萌々を知らない人からそれが何か尋ねられたら、「二〇一六年に結成されたオフィス系アイドルグループ「カプ式会社ハイパーモチベーション」の、山形県出身のメンバー」とかいった仕方で答えますよね。ラッセルは、普通に「固有名」と言われているものは、そういった記述を圧縮したもの、つまり「簡略記述」（**truncated description**）だと考えます。ですから、固有名を主語とする存在文は、当然のことを言うのでも矛盾したことを言うのでもなく、「かくかくしかじかのもの」が存在する／しないを言う文なのです。

ラッセルは普通の「固有名」をこのように捉えた上で、言語の諸要素の中で、言語外の対象と直接結びついているものとして、「論理的固有名」（**logically proper name**）なるものを考えます。この言葉は、「論理的観点からしての、本物の固有名」を意味します。「記述」とは異なり、なんらかの直接与えられた言語外の対象と直接つながりそれを指し示す言葉。これを「論理的固有名」と呼ぶのです。

ラッセルにとって、私たちに直接与えられる言語外の対象の一つは感覚与件でした。そのためラッセルは、論理的固有名の代表的なものとして、感覚与件を感覚の現場で指し示す言葉を考えました。実際にその候補となったのは、「これ」（this）とか「あれ」（that）とかいった直示語でした。

感覚与件言語

この論理的固有名の考えに基づいて、「感覚与件言語」（sense-data language）が構想されます。感覚与件の事実をあるがままに表現する言語です。感覚与件は、先ほど言いましたように、私たちの意思とは関わりなく私たちにその都度与えられるもので、私たちはそれをただあるがままに受け取るしかありません。その意味で、「間違い」ようがありません。そのように見えているのならそのように見えているのであり、そのように聞こえているのならそのように聞こえているのです。

このような、間違いの可能性がなく、したがって訂正の可能性がないことを、「訂正不可能性」（incorrigibility インコリジビリティー）と言います。

ですから、そうした感覚与件の事実をあるがままに捉える言語としての「感覚与件言語」が成立するとしますと、その言語の文によって表現されるものには間違いの可能性がありません。つまり、訂正不可能です。そこで、感覚与件の事実を表現する文をさまざまに組み合わせて「理論」が作られるとしますと、その理論は、基盤となる文が間違いようのない、訂正不可能なものであるだけに、ある種の絶対的性格、「絶対確か」という性格を持つものになりそうですよね。こうして、「感覚与件言語」の可能性が追求されることになりました。

感覚与件と物――論理的構成体

ところで、感覚与件というのは、あくまで私たち一人一人の感覚に現れるものです。それは、日常私たちが「物」と見なしているものとは違います。物は、私たちが知覚しようがしまいが、それがなくならない限り存在し続けていると考えられていますが、感覚与件は、それが私たちに現れている限りにおいてしかその存在が認められません。私たちが日常あるいは科学理論上「物」と見なしているものと、感覚与件言語で表現される感覚与件は、どのように関係するのか。これが当然、感覚与件に関する重要な話題となります。

ラッセルによれば、次のようになります。例えば「ここにリンゴがある」という物に関する認識を表す文は、感覚与件言語では、今かくかくしかじかの感覚与件が自分に現れているということを示す文に置き換えられそうに見えます。「ここにリンゴがある」と言うとき、私たちは何を根拠にそうしているかというと、こういう色やこういう形が見え、こういう触覚的感触があるといったことだろう。とすると、その文は、ある感覚与件群が現に与えられているという文と等価ではないかというのです。発想のポイントは、おわかりいただけると思います。物について、それがあるとかないとか、それがどのようにあるとかいったことは、かくかくしかじかの感覚与件が与えられているとかいないとかいったことに言い換えられると考えられたのです。

そこで、物について述べる言語、つまり物言語は、どのような仕方で感覚与件言語に言い換えられるか。これが考察されました。予想としては、物について述べる文は、感覚与件の事実を表す「これ」とか「あれ」とかを主語とした文が集められ、それが「かつ」とか「または」とか「ならば」とかいったいわば接続詞にあたるもの（論理学ではこれを「論理結合子」と言います）で結合されてできる長い文に、言い換えられることになりそうです。物に関する文がこのような仕方で物についてではなく感覚与件についての文に言い換えられる（これを「翻訳される」と言います）ことになりますと、物に関する発言は感覚与件についての発言に翻訳されることになるわけで、この意味で（あくまでこの意味で）物は本当は感覚与件であると見られ、物は感覚与件から論理的に構成されたもの、すなわち感覚与件からの「論理的構成体」（logical construction）と見られることになります。

物がこのように感覚与件の論理的構成体と見られるということは、物は感覚与件に「還元される」と言い換えることができます。世界が物からなっているとしますと、このような物の捉え方、つまり物を感覚与件に還元できるとする捉え方は、世界を感覚与件から論理的に構成されたものと見てよいということを意味します。

ラッセルは、このような仕方で、一方では言語を分析するためのさまざまな手法を編み出しながら、他方ではそれとつながる形で世界を感覚与件に還元し、すべてを感覚与件の観点から見るという一元的な試みを進めようとしたのです。

ヴィトゲンシュタイン

さて、ラッセルが準備した言語分析の手法に、哲学運動としてのあるイメージを与えたのが、ルートヴィッヒ・ヴィトゲンシュタイン（**Ludwig Wittgenstein, 1889-1951**）です。

ヴィトゲンシュタインは、オーストリア・ハンガリー帝国の首都ウィーンの、裕福な家庭に生まれます。航空工学に興味を持ち、一九〇六年から一九〇八年までシャルロッテンブルク工科大学（**Technische Hochschule Charlottenburg** テヒニッシェ・ホーホシューレ・シャルロッテンブルク、のちのベルリン工科大学）で機械工学を学んだあと、イギリスのマンチェスター・ヴィクトーリア大学（**Victoria University of Manchester** のちのマンチェスター大学）に移って回転翼の設計にあたります。

そうした中で、数学さらには数学基礎論に関心を持つに至り、当時ケンブリッジ大学のトリニティー・コレッジで講師をしていたラッセルのもとで研究を進めるべく、一九一二年にトリニティー・コレッジに入学します。

ルートヴィッヒ・ヴィトゲンシュタイン

第一次世界大戦が始まると、ヴィトゲンシュタインはオーストリア・ハンガリー帝国軍の志願兵となります。そして、軍務のかたわら、のちに『論理哲学論考』として公刊されることになる著作の草稿を書き進めます。

一九一八年一一月、彼はイタリア軍の捕虜となり、捕虜収容所に送られますが、翌一九一九年にラッセルに連絡、その年の八月に釈放され、その後、ラッセルの尽力で、『論理哲学論考』の出版が実現します。

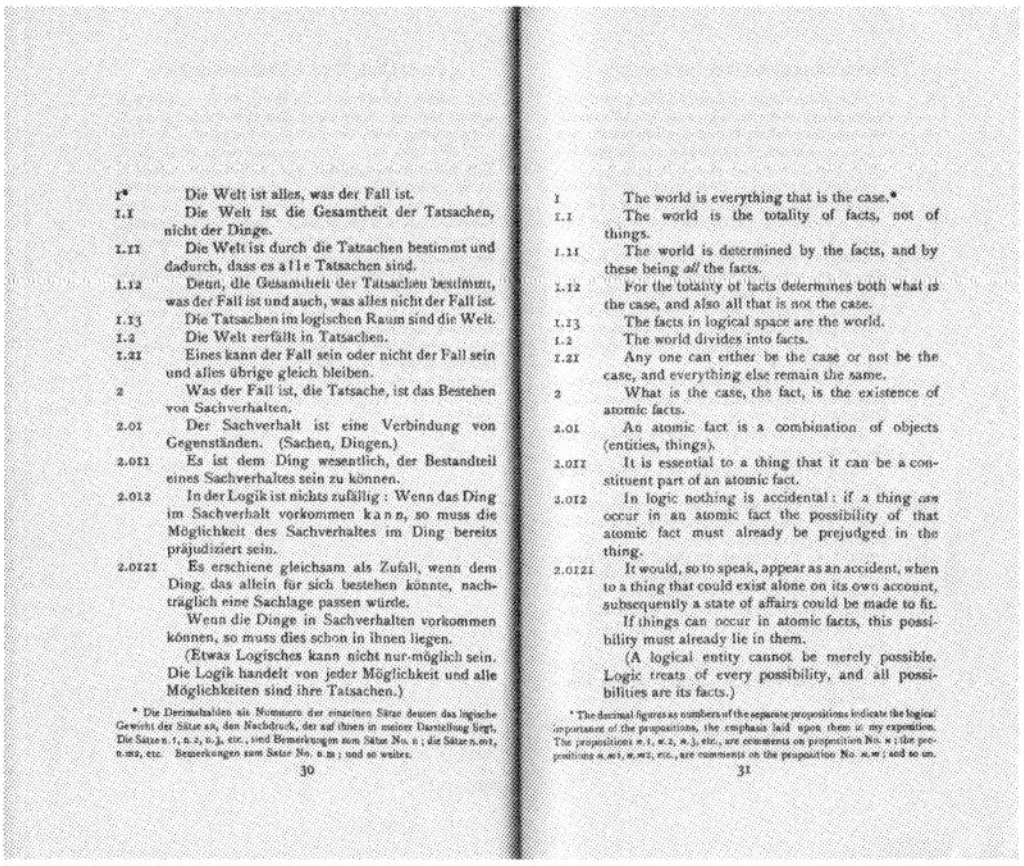

1* Die Welt ist alles, was der Fall ist.
1.1 Die Welt ist die Gesamtheit der Tatsachen, nicht der Dinge.
1.11 Die Welt ist durch die Tatsachen bestimmt und dadurch, dass es a l l e Tatsachen sind.
1.12 Denn, die Gesamtheit der Tatsachen bestimmt, was der Fall ist und auch, was alles nicht der Fall ist.
1.13 Die Tatsachen im logischen Raum sind die Welt.
1.2 Die Welt zerfällt in Tatsachen.
1.21 Eines kann der Fall sein oder nicht der Fall sein und alles übrige gleich bleiben.
2 Was der Fall ist, die Tatsache, ist das Bestehen von Sachverhalten.
2.01 Der Sachverhalt ist eine Verbindung von Gegenständen. (Sachen, Dingen.)
2.011 Es ist dem Ding wesentlich, der Bestandteil eines Sachverhaltes sein zu können.
2.012 In der Logik ist nichts zufällig: Wenn das Ding im Sachverhalt vorkommen k a n n, so muss die Möglichkeit des Sachverhaltes im Ding bereits präjudiziert sein.
2.0121 Es erschiene gleichsam als Zufall, wenn dem Ding, das allein für sich bestehen könnte, nachträglich eine Sachlage passen würde.
Wenn die Dinge in Sachverhalten vorkommen können, so muss dies schon in ihnen liegen.
(Etwas Logisches kann nicht nur-möglich sein. Die Logik handelt von jeder Möglichkeit und alle Möglichkeiten sind ihre Tatsachen.)

* Die Decimalzahlen als Nummern der einzelnen Sätze deuten das logische Gewicht der Sätze an, den Nachdruck, der auf ihnen in meiner Darstellung liegt. Die Sätze n.1, n.2, n.3, etc., sind Bemerkungen zum Satze No. n; die Sätze n.m1, n.m2, etc. Bemerkungen zum Satze No. n.m; und so weiter.

30

1 The world is everything that is the case.*
1.1 The world is the totality of facts, not of things.
1.11 The world is determined by the facts, and by these being *all* the facts.
1.12 For the totality of facts determines both what is the case, and also all that is not the case.
1.13 The facts in logical space are the world.
1.2 The world divides into facts.
1.21 Any one can either be the case or not be the case, and everything else remain the same.
2 What is the case, the fact, is the existence of atomic facts.
2.01 An atomic fact is a combination of objects (entities, things).
2.011 It is essential to a thing that it can be a constituent part of an atomic fact.
2.012 In logic nothing is accidental: if a thing *can* occur in an atomic fact the possibility of that atomic fact must already be prejudged in the thing.
2.0121 It would, so to speak, appear as an accident, when to a thing that could exist alone on its own account, subsequently a state of affairs could be made to fit.
If things can occur in atomic facts, this possibility must already lie in them.
(A logical entity cannot be merely possible. Logic treats of every possibility, and all possibilities are its facts.)

* The decimal figures as numbers of the separate propositions indicate the logical importance of the propositions, the emphasis laid upon them in my exposition. The propositions *n*.1, *n*.2, *n*.3, etc., are comments on proposition No. *n*; the propositions *n.m*1, *n.m*2, etc., are comments on the proposition No. *n.m*; and so on.

31

『論理哲学論考』（1922年版の、本文の最初の部分。左ページがドイツ語原文、右ページがその英訳になっています。）

『論理哲学論考』（ドイツ語原題は***Logisch-philosophische Abhandlung*** ローギッシュ＝フィロゾーフィッシェ・アプハンドルング、英語名［というよりも本来はラテン語です］は***Tractatus Logico-Philosophicus*** ラテン語としてはトラクタートゥス・ロギコ＝ピロソピクス、英語風に読めば、トラクテイタス・ロジコ＝フィロソフィカス）は、一九二一年にドイツ語版が刊行されたものの、これは誤植が多くて満足のいくものではなく、翌一九二二年に独英対訳版がイギリスで出版されます。対訳版のラテン語名は、ムーアの提案によるものです。

言語批判としての哲学

『論理哲学論考』は、文が文であるためにはどのようなことが成り立っていなければならないか、文が真であり偽であるためにはどのようなことが世界との間に成り立っていなければならないか等々について論じ、それをもとに、語りうるものと語りえないものの線引きを行おうとするものでした。ただし、その線引きは、語りえないものの中に大切な事柄があるということに、注意を向けさせようとするものでした。（『論理哲学論考』のヴィトゲンシュタインの言語説については、次章で改めてお話しします。）

言語の本来のあり方を明確にし、既存の言語使用が妥当かどうかをこれによって判定し、言語の正当な使用を促すとともに、語りえないものを語ろうとすることを阻止しなければならない。こうした役割を担うのが哲学であるというヴィトゲンシュタインの考え方は、かつてカントが『純粋理性批判』（*Kritik der reinen Vernunft* クリティーク・デア・ライネン・フェアヌンフト、第一版は一七八一年、第二版は一七八七年）において、広義における「理性」の在り方を批判的に検討することによって、不当な学的営みを排し、諸学に確かな道を歩ませようとしたのと重なって見えます。

実際、ヴィトゲンシュタインは、『論理哲学論考』序文で次のように述べています。

およそ言われうるものは明晰に言われうる。そして、語りえないものについては、人は沈黙しなければならない。

本書はそれゆえ、思考に――あるいはむしろ、思考にではなく、思考されるものの表現に――限界線を引く。というのも、思考に限界線を引くには、われわれはこの限界線の両側を考えることができなければならないからである。（ヴィトゲンシュタイン『論理哲学論考』序文より）

このように、ヴィトゲンシュタインは、認識に限界線を引こうとしたカントを念頭に置いているかのような言い方をしています。

また、ヴィトゲンシュタインは、次のように述べています。


哲学は「言語批判」（**Sprachkritik** シュプラーハクリティーク）にほかならない。（ヴィトゲンシュタイン『論理哲学論考』四・〇〇三一）

「言語批判」。まるでカントの『純粋理性批判』のもじりのようですね。

『論理哲学論考』は、あとで述べますように、一九二〇年代半ばに結成される「ウィーン学団」の重視するところとなり、それとともに『論理哲学論考』に見られる「言語批判としての哲学」という哲学観は、哲学の言語論的方向転換に明確なイメージを与えることとなります。

ムーア

ラッセルとヴィトゲンシュタインは、（伝統的論理学とは異なる）新たな論理学の考え方に基づく言語の見方を持っていました。そして、彼らのやり方は、私たちが日常用いている言語、すなわち「日常言語」に対して、ある種の人工的な「理想言語」を考え、それをもとに考察を進めていくという形をとっています。こうした人工的な理想言語を念頭においた言語の批判的考察（すなわち「言語批判」）に対して、そもそも日常言語そのものの在り方、振る舞い、特徴をしっかりと理解する必要があるという考え方が、言語論的転回の動きの中に出てきます。そうした考え方のルーツとして機能したのが、ベルクマンがラッセル、ヴィトゲンシュタインとともに名前を挙げた、ジョージ・エドワード・ムーアの仕事でした。

ジョージ・エドワード・ムーア（George Edward Moore, 1873–1958）は、一八七三年にロンドンに生まれ、ケンブリッジ大学のトリニティー・コレッジで教育を受けました。つまり、ラッセルの少しだけ若い後輩で、ラッセルとはずっと親しい間柄でした。彼は一九一一年にケンブリッジ大学の講師になり、一九二五年に教授にな

ジョージ・エドワード・ムーア

っています。先ほど出てきましたように、ヴィトゲンシュタインの『論理哲学論考』にラテン語名を提案したのは彼でした。

ムーアは、彼自身が「言語分析」を主張したわけではありません。彼が重視したのは、概念の慎重な分析でした。私たちが日常用いているさまざまな概念を注意深く分析し、その内容を厳正に捉えようとすることが、彼の仕事の一つの特徴をなしていました。こうしたムーアの哲学の在り方が、のちに「日常言語哲学」と呼ばれる一群の人々の仕事の先駆けとなります。

エルンスト・マッハ

さて、すでに触れましたように、第1章に出てきた分析哲学を代表する哲学者の多くが、「ウィーン学団」と関わりを持っていたということでしたよね。そこで、ローティの『言語論的転回』の話に戻る前に、そのウィーン学団のことについて、ここでお話ししておきましょう。

経験や、経験の一種である感覚（「一種」というのは、「経験」［英語ではexperience］にはいわゆる感覚［sensation］とともに、心の中を振り返る「反省」［reflection］というのがあると伝統的に考えられてきたからです）を重視するのは、イギリス経験論の伝統です。ラッセルやムーアも、この伝統の中でさまざまな試みを行った哲学者です。ところが、おもしろいことに、このイギリス哲学の伝統を重視する別の潮流が、「大陸」（ヨーロッパ大陸）のほうにもありました。イギリス経験論に（ヒュームは別として）概して批判的だったカントも、イギリス哲学を強く意識していま

エルンスト・マッハ

したし、それよりももっと肯定的に、イギリス哲学の伝統に連なる立場が、現象学の創始者であるエトムント・フッサール（Edmnud Husserl, 1859–1938）によってとられていました。フッサールはもともと数学者でしたが、ウィーン大学の哲学者フランツ・ブレンターノ（Franz Brentano, 1838–1917）の影響を受けて哲学に転じたとき、ブレンターノからイギリス経験論の研究を勧められます。実際、フッサールの『論理学研究』や、「第一哲学」に関する講義で、彼はイギリス経験論について、肯定的、否定的な、さまざまなコメントを行っています。

このブレンターノと同年に生まれ、のちにその名が音速の単位になった物理学者、エルンスト・マッハ（Ernst Mach, 1838–1916「エルンスト」は実際には「エアンスト」もしくは「アーンスト」に聞こえます）もまた、いくつかの点でイギリス経験論の伝統と重なるような思考の持ち主でした。

マッハは、当時オーストリア帝国に属していたモラヴィアの生まれで、ウィーン大学で物理学の教育を受け、いくつかの大学を経て、一八九五年、ウィーン大学に新たに設置された帰納科学の歴史と理論を扱う講座（Philosophie, insbesondere Geschichte und Theorie der induktiven Wissenschaften フィロゾフィー・インスベゾンデレ・ゲシヒテ・ウント・テオリー・デア・インドゥクティーヴェン・ヴィッセンシャフテン）の教授に就任します。（因みに、一九〇一年にマッハがこの職を辞したあと、一九〇二年にこの講座を引き継いだのは、物理学者ルートヴィッヒ・ボルツマン〔Ludwig Boltzmann, 1844–1906〕でした。）

モーリッツ・シュリックとウィーン学団

一九二二年、このかつてマッハとボルツマンが就任していたポストに、モーリッツ・シュリック（Moritz Schlick, 1882–1936）が就任します。

シュリックは一八八二年にベルリンに生まれ、ベルリン大学で物理学を学び、マックス・プランクの指導のもと、一九〇四年に博士の学位を得ます。数年後彼は哲学に転じ、認識論、科学論の研究を進め、アインシュタインの相対性理論に関する論文（一九一五年）や一九一八年に公刊された『一般認識論』（*Allgemeine Erkenntnislehre* アルゲマイネ・エアケントニスレーレ）等によって高い評価を得ました。

シュリックがウィーン大学に招聘されると、彼を中心として、「科学的世界把握」（**wissenschaftliche Weltauffassung** ヴィッセンシャフトリッヒェ・ヴェルトアウフファッスング）を標榜する学者グループが形

モーリッツ・シュリック

成されます。シュリックとともに、数学者ハンス・ハーン、物理学者フィリップ・フランク、社会学者オットー・ノイラート、数学者オルガ・ハーン＝ノイラート（オットー・ノイラートの妻）、哲学者ヴィクトル・クラフト、数学者グスタフ・ベルクマンが参加、一九二六年以降はルードルフ・カルナップがこれに加わり、さらに、エドガー・ツィルゼル、フリードリッヒ・ヴァイスマン、ヘルベルト・ファイグル、カール・メンガー、クルト・ゲーデルらが加わって、「ウィーン学団」と呼ばれるようになります。

いずれの知識人グループも、それが質の高いものであればあるほど、その中には多様な見解が認められるものです。ウィーン学団もそうでした。しかし、一つのグループをなすだけあって、そこには、ある合意がありました。まずは「科学的世界把握」というのがそれです。つまり、世界を科学的に捉えようということで、この学団がヨーロッパ近代啓蒙主義の延長線上にあることがよくわかりますよね。

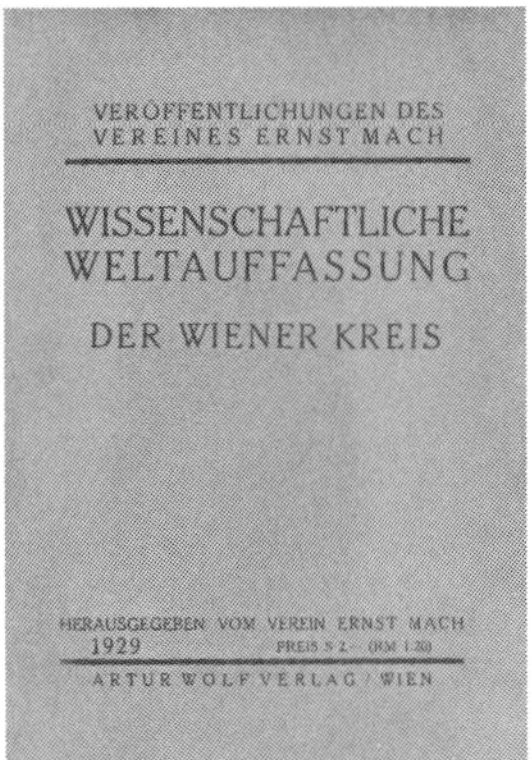

『科学的世界把握——ウィーン学団』（1929年に出版されたウィーン学団のパンフレット）

そのため、この学団では、文（命題）の形をしたものを、有意味なものと無意味なものにはっきりと分けるための規準が模索されました。文の形をしながら、本当は文ではないものを、「疑似文」（Scheinsatz シャインザッツ）もしくは「形而上学的文」と呼び、これを「無意味（sinnlos

ジンロース）な文」として徹底的に排除しようとしたのです。これは、根拠のない発言、迷信的な、ひとをたぶらかすだけの発言を排除し、科学的にものを考えなければならないという姿勢の現れで、そうした疑似文を排除するため、「意味規準」（Sinnkriterium ジンクリテーリウム）が考案されました。

排除されずに残される文は、科学的な文でなければなりませんでした。ここで科学というのは、観察や実験に基づいて確かめることができるような科学、つまり「経験科学」と、数学や論理学のように観察や実験には基づかないけれどもその重要性が認められている「形式科学」のことです。

また、経験科学については、どの分野も、経験によって確認できる事実を述べる文（これを「プロトコル文」「Protokollsatz プロトコトルザッツ」と呼びました）が基礎になっているはずだから、科学の全体は、このプロトコル文をもとに、すべて最終的には統一できるはずだという考えも持たれていました。「統一科学」（Einheitswissenschaft アインハイツヴィッセンシャフト）と呼ばれる考え方です。

そして、意味規準を運用したり（つまり疑似文を排除したり）、科学を統一したりするために、論理学が不可欠の役割を果たすと考えられました。哲学の仕事は、論理学の成果を用いて、科学と非科学を区別し、科学の統一を図ること——非科学的思考を排除し、「科学的世界把握」を進めること——とされたのです。

こうして、ウィーン学団は、ラッセルやヴィトゲンシュタインの影響下に、科学哲学の大きな母体として影響力を行使します。特に、ヴィトゲンシュタインの『論理哲学論考』は、学団内でその内容の検討が熱心に行われ、また、のちほど（第3章で）述べますように、ヴィトゲンシュタインはウィーンでシュリックらと幾度か話をする機会を得ています。

学団の立場は、「論理的経験論」（**logischer Empirismus** ローギッシャー・エンピリスムス、英語では **logical empiricism** ロジカル・エンピリシズム）と呼ばれました。論理と経験を重視する立場だったからです。それはまた、「論理実証主義」（**logischer Positivismus** ローギッシャー・ポジティヴィスムス、英語では **logical positivism** ロジカル・ポジティヴィズム）としても知られています。

こうして、短期間のうちに重要な役割を次々と果たしたウィーン学団でしたが、一九三〇年代に入ると、ナチズムの台頭とともに、学団の構成員の多くがアメリカやイギリスに移ることになります。ベルクマンもその一人です。カルナップも、若いクワインの協力を得て、アメリカに移ります。非科学的なものを徹底して排除しようとする学団の姿勢はナチズムと相容れるものではなく、迫害の対象になりかねなかったのです。

一九三六年、ウィーン大学に留まったシュリックを悲劇が襲います。彼はかつて彼の学生だったヨーハン・ネルベック（**Johann Nelböck, 1903–1954**）に大学構内で射殺され、学団自体としての活動はこれで幕を閉じることになります。ネルベックはナチスとの関わりが取り沙汰されてきました。

方向転換Ⅰ――意味規準

このように、「言語論的転回」は、当初、論理学を駆使し、経験によるチェックを重んじる、経験論的立場から進められていきました。ウィーン学団が提唱した意味規準も、そうした論理と経験を重視する立場から考察がなされ、経験科学や形式科学において用いられる「文の真偽を確認するための手続き」が適用できない文は、これを「疑似文」（つまり無意味な文）として排除するという方針のもと、その検討が進められました。

しかし、当初そうした方向で進められてきた言語論的転回は、内部での考察が進むにつれて、次第に当初のプログラムを変更する事態となります。

例えば、意味規準としては最初「検証可能性の意味規準」が採用されました。「検証」というのは、命題が真であることを証明することを意味します。ですから、「検証可能性の意味規準」というのは、そうした検証の手続きが提示できない文は無意味な文である、言い換えれば疑似文であるとするものでした。

けれども、この意味規準では、科学において重要な役割を果たす一般法則が無意味となる可能性がありました。というのも、一般法則は基本的に無限個の該当事例について言われるはずのことだからです。かりに一般法則が「すべてのかくかくはしかじかである」という形をしているとしますと、その場合の「すべて」というのは、有限個のもののすべてではなく、原理的に無限個のもののすべてが想定されているのが一般的です。けれども、私たちには無限個のものを調べて検証するということは、原理的に不可能です。ですから、そういうタイプの一般法則は原理的に検証できないことになり、検証不可能、つまり、無意味となるというわけです。

こうして、意味規準の見直しが繰り返し行われることになります。しかし、結局、意味規準そのものがそもそも当の意味規準に合うのかどうか（例えば検証可能性の意味規準はそもそも検証可能なのかどうか）が問題になり、そうした経緯をへて、意味規準はある「提案」であって、なんらかの「真理」を表明しているわけではない、と理解されることになりました。

方向転換Ⅱ——プロトコル文とノイラートの船

また、経験科学がその基礎にしていると考えられていた「プロトコル文」、つまり、経験的に確認されるデータを言語表現する文についても、考え直しが行われることになります。「プロトコル文」は、もともと、感覚与件をあるがままに表現するものと考えられていました。しかし、実際に感覚与件をあるがままに表現しようとすると、私たちの感覚に現れる多様な感覚的データをいくら正確に表現しようとしても、極めて曖昧な表現しかできないことがわかります。しかも、それはその感覚を持っている当人にしかわからないことで、間主観的に——つまり、誰もがそれを確認できるような仕方で——確認できるものではないのです。こうして、「感覚与件言語」では科学の理論を支えるに足る「経験」の事実（観察された事実や実験結果）は表現できないということが、次第にわかってきました。

　このプロトコル文をめぐる考え直しは、一九三〇年代はじめのルードルフ・カルナップとオットー・ノイラート（**Otto Neurath, 1882–1945**）の論争に典型的に現れます。

　カルナップがプロトコル文を感覚与件言語で表現しなければならないと主張したのに対して、ノイラートはこれを、物言語で表現しなければならないとしました。感覚与件は当人にどう感じられているかということですから、これには間違いようがありません。カルナップは、この訂正不可能な、正しくあるしかないようなものを表現するのがプロトコル文だと言うのですから、その限りにおいて、科学を絶対的真理から構築されるものとする見地に立っていることになります。これに対して、ノイラートは、間主観的な経験的事実を表現するのがプロトコル文だと考えます。つまり、経験的事実を物言語で表現したものとして、それを見るのです。

　物言語で捉えられた経験的事実には、常に、思い違い、勘違いの可能性があります。自分の視野の中に今このよう

オットー・ノイラート

ルードルフ・カルナップ

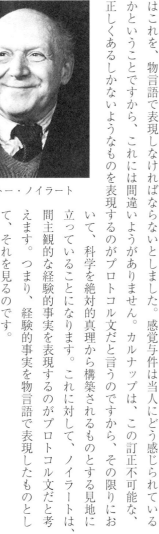

なものが感じられているとかいったことは、本当にそう感じられているとすれば、あとでそのように感じてはいなかったと間違いを訂正することはありえませんが、対象を「ダイオウイカ」とか「緑色片岩」とかいったものとして語ることによってなされる事実確認は、あとになって思い違いをしていた（「ダイオウイカ」ではなかったとか「緑色片岩」ではなかったとか）と考え直す可能性が常にあるのです。つまり、ノイラートは、すでにプロトコル文の段階で、このような間違いの可能性を認める考え方を容認する立場をとっているのです。

こういう立場を「可謬論」（fallibilism）と言います。科学は間違いを犯すものだとか、人間は間違いを犯すものだとかいったことを、率直に認める立場です。

このように、プロトコル文の見直しは、科学の性格についての見直しでもあったのです。科学は絶対に確かなプロトコル文の上に理論を積み上げたものだというのではなくて、科学が頼りにするプロトコル文にも間違いの可能性はある。このことを踏まえて、いかにいい理論を構築するかが科学者の使命だと考えるのです。結局プロトコル文をめぐる論争は、ノイラートに分がありました。

これと関連して、ノイラートが科学を船に喩えたことが知られています。われわれは船に乗って大海に出た船乗りのようなものである。船を修理するためのドックはなく、修理をするには船が沈まないように、船板を一枚ずつ慎重に取り替えるしかない。つまり、これまで私たちが信じてきたことを一挙に捨て去り、「絶対に確かなもの」だけでゼロから学問を構築することはありえず、具合の悪いところを少しずつ修正していくしかない、という科学観・人間観です。このような科学観・人間観が、次第に人々の心を捉えるようになります。

こうして、ラッセルやヴィトゲンシュタインから始まったタイプの言語論的転回は、分析哲学という大きな潮流となるのですが、一九三〇年代以降になると、当初の絶対主義的傾向から、次第に柔軟な方向へと、姿を変えていくことになりました。

第3章

自己解体

ローティに戻って

前章では、ローティが生まれた頃までの言語論的転回のおおよその動向を見てきました。ローティが生まれた一九三一年からさらに二〇年経った一九五一年に、ヴィトゲンシュタインが亡くなります。その二年後の一九五三年に、ヴィトゲンシュタインが出版の準備をしていた『哲学探究』（*Philosophische Untersuchungen* フィロゾーフィッシェ・ウンターズーフンゲン）が出版されます。それは、若きヴィトゲンシュタイン（前期ヴィトゲンシュタイン）の『論理哲学論考』における言語観とは、ずいぶんと違った言語観を含むものでした。それよりも四年前の一九四九年には、オックスフォード大学のギルバート・ライル（Gilbert Ryle, 1900–1976）が『心の概念』（*The Concept of Mind*［1949］）を出版し、また、一九五五年には、これもオックスフォード大学のJ・L・オースティン（John Langshaw Austin, 1911–1960）が、のちに『いかにして言葉を用いてことをなすか』（*How to Do Things with Words*［1962］）として出版される講義を、ハーバード大学で行っています。

論理学を駆使して日常言語をある種の理想言語に置き換えようとするこれまでの分析哲学の方向とは異なり、これらは総じて、日常言語それ自身がどのような論理をもっているかを考察しようとする傾向を強く示すものでした。

後期ヴィトゲンシュタイン

ここで「後期ヴィトゲンシュタイン」について少しお話ししておきたいと思います。

ヴィトゲンシュタインは、自分が哲学においてなすべきことは『論理哲学論考』ですべてなし終えたと考え、オーストリアに戻って教員養成学校に通い、小学校の教員資格を得て教員になります。しかし、熱心な教師ではあったのですが、うまくいかず、一九二六年に辞職、その後修道士になろうとしましたが果たせず、修道院の庭師となり、また、同年、姉のマルガレーテ・ストーンボロー＝ヴィトゲンシュタイン（Margarethe Stonborough-Wittgenstein, 1882–1958）の家を設計したりしたりしています。

因みに、前期ヴィトゲンシュタインの思想には、彼が姉マルガレーテの勧めで読むことになったショーペンハウアー（Arthur Schopenhauer, 1788–1860）の著作の影響をさまざまに認めることができます。例えば、前期ヴィトゲンシュタインは、言語の限界、論理の限界を世界の限界と同一視し（『論理哲学論考』五・六、五・六一）、したがってまた、言語を使用する形而上学的主観としての私を、世界の限界とみなします（五・六三二）。これに対して、世界を表象として捉えるショーペンハウアーにとって、表象としての世界と不可分の存在である主観は、もしそれがなければ世界もまた存在しないようなものでした。ショーペンハウアーは一八一九年の『意志と表象としての世界』（*Die Welt als Wille und Vorstellung* ディー・ヴェルト・アルス・ヴィレ・ウント・フォー

アルトゥーア・ショーペンハウアー

アシュテルング）の中で、次のように言っています。

〔主観〕が消滅すれば、表象としての世界はもはや存在しないであろう。（『意志と表象としての世界』第一巻第二節）

さて、話をもとに戻しますと、ウィーン学団の中心人物であったモーリッツ・シュリックは、一九二四年にヴィトゲンシュタインに、貴君の思想の重要性を理解しており、面会したい旨の書簡を送り、一九二七年二月に二人は会い、ウィーン学団の他の数人のメンバーも加わって、その後も面談を重ねます。やがて、一九二八年頃、ヴィトゲンシュタインはもう一度哲学に戻ることを決意します。一九二九年一月、彼はケンブリッジに戻り、ラッセルの勧めで同年六月に『論理哲学論考』で博士の学位を得たあと、ケンブリッジ大学講師に、またトリニティー・コレッジのフェローになっています。また、同年一一月一七日には、ケンブリッジ大学の「異端者クラブ」（Heretics Society）という哲学を専門としない人たちの会合で、倫理学について語っています。

一九三九年にムーアが退職したあと、ヴィトゲンシュタインはケンブリッジ大学教授となり、イギリスの市民権を得ます。それから一〇年を経て、一九四九年、彼は前立腺癌と診断され、一九五一年に死去。残された原稿は、『哲学探究』として一九五三年に出版されました。

言語ゲーム

この『哲学探究』には、おもしろい話がいっぱい出てきます。例えば、『論理哲学論考』に出てくる言語観は、この本では大幅な見直しが行われます。

同じ名前で呼ばれるものは、なんらかの仕方でみな同じ特徴を共通に持っているはずだという伝統的な考え方に対して、ヴィトゲンシュタインは「家族的類似性」（Familienähnlichkeit ファミーリエンエーンリッヒカイト）という考えを持ち出します。家族は同じ家族名で呼ばれますが、そこにいる人々は、この人とこの人は目が似ているとか、この人とこの人は口の形が似ているとか、それぞれにどこか似ているところがありはするものの、全員が同じ特徴を備えているわけではありませんよね。このような、どこかそれぞれに似たところはあるが、すべてが同じ特徴を共有しているわけではないということを、ヴィトゲンシュタインは「家族的類似性」と呼びました。

「ゲーム」も同じです。さまざまな「ゲーム」があり、それぞれ、個別に、どこか似たところを持っていたりはするのですが、すべてのゲームが同じ特徴を共有しているわけではありません。

ヴィトゲンシュタインは、言語もゲームと見ます。「言語ゲーム」（Sprachspiel シュプラーハシュピール）です。言語もまた、さまざまなありようをしていて、同じ一つの本質を持っているわけではありません。そうした言語観は、文をある観点から統一的に捉えようとする前期ヴィトゲンシュタインの言語観とはずいぶん異なります。

また、言葉の意味はその用法であると、後期ヴィトゲンシュタインは考えます。ですから、一定不変の意味が言葉にあるのではなく、私たちの生き方が変わり言葉の使い方が変わるとともに、言葉の意味は変わります。ということは、言葉の「意味」とわざわざ言わなくてもいいことになるかもしれません。

治療的哲学観

もう一つ挙げれば、ヴィトゲンシュタインが人々に影響を与えたものの一つに、「治療」的哲学観があります。

哲学における君の目的は何か。蝿に蝿取り壺からの出口を示してやることだ。（ヴィトゲンシュタイン『哲学探究』第三〇九節）

じたばたしている蝿に、こうすれば問題はなくなるよと示してあげること。もとより、こうだということを示す力量がなければ、出口を示すことはできません。

私たちは、ローティの哲学的姿勢の一面を、ヴィトゲンシュタインのこのような哲学観と重ねることができるかもしれません。例えば、あとでお話ししますように、知識を視覚的比喩で捉えようとするからわれわれはじたばたするのであって、それをやめれば問題は解消するということなのかもしれません。

『言語論的転回』序文

ローティは、こうした分析哲学系の新たな歩みが顕著になった一九六〇年代（彼自身ほぼ三〇代の時期）に、分析哲学と深く関わるようになります。そして、こうした関わりの中で彼が編集・刊行したのが、論集『言語論的転回』（一九六七年）でした。

この本の序文の中で、ローティは、言語論的転回に基づく哲学をベルクマンに従って「言語論的哲学」（linguistic philosophy）と呼び、その妥当性について検討を進めます。先に述べましたように、言語論的哲学とは「哲学的問題は、言語の改良ないし現行の言語のよりいっそうの理解によって解決（ないし解消）されるような問題である」とする哲学のことです。ローティは、理想言語を求めようとする「理想言語哲学」と、日常言語それ自身を理想言語とみなし、その日常言語のあり方を解明しようとする「日常言語哲学」とを対比しながら、言語論的転回に対する批判的考察を進めています。そして、その結果、それらの試みがけっして無前提なものではなく、また、その試みがうまくいっているかどうかを判定するための明確な規準がない、ということを指摘します。

ベルクマンにとっての言語論的転回

なぜ言語論的転回がうまくいかないとローティは考えるのか。これを見るには、ローティが重視しているベルクマンの定式を取り上げるのがいいと思います。

すでに述べましたように、「言語論的転回」という言葉はグスタフ・ベルクマンに由来するもので、彼はいくつかの論文でその言葉を使用しました。一九六〇年の「ストローソンの存在論」（"Strawson's Ontology"〔1960〕）もその一つです。一九六〇年と言えば、先ほど見ていただきましたヴィトゲンシュタインの『哲学探究』よりもあとですし、ライルの『心の概念』やオースティンのハーバードでの講演よりもあとですよね。ですが、そこでベルクマンが示す見解は、言語論的哲学の考え方の典型的な定式として役立ちます。ベルクマンは次のように述べています。

言語論的哲学者たちはみな、なんらかの適切な言語について語ることによって、世界について語る。これが言語論的転回という、方法に関する基本的方策であり、これについては、日常言語哲学者〔……〕も理想言語哲学者〔……〕も合意している。〔ところが〕それと同じくらい基本的に、何がこの意味において「言語」であり、何がそれを「適切な」ものたらしめるかについて、彼らは見解を異にする。われわれは明らかにその転回を実行してよい。問題はなぜそうすべきかである。それはなぜ、単なる退屈な回り道ではないのか。〔それについて〕私は三つの

理由を挙げよう。〔……〕

（1）言葉は日常的（常識的）な仕方で使用されるか、哲学的に使用されるかのいずれかである。〔言語論的〕方法は、とりわけこの区別に基づいている。前言語論的哲学者たちはその区別をしなかった。しかし、彼らは言葉を哲学的に使用していた。一見そうした使用は理解しがたい。それらには常識的説明が必要である。〔言語論的〕方法は、われわれにその説明を求める。〔……〕（2）前言語論的哲学の逆説や不条理や難解さの多くは、語ることと、語ることについて語ることとを区別していないことに起因している。その区別の不履行ないし混同を避けるのは、人が思うほど容易ではない。〔言語論的〕方法は、それを避けるための最も確かな方途である。（3）どのような言語にも単に示すしかないものがある。そうしたものは文字通り「語りえない」というわけではない。むしろ、それらについて語る適切（かつ確か）な方途は、言語（の構文論と解釈）について語ることである。（ベルクマン「ストローソンの存在論」より）

この引用箇所に見られるように、言語論的転回は、（1）言葉の日常的・常識的使用と哲学的使用の区別、（2）語ることと、語ることについて語ることの区別、そして、（3）示すしかないものを語る適切な手立てとしての、言語について語ること、という考えに基づいていると、ベルクマンは考えています。先ほど言いましたように、論文はヴィトゲンシュタインの『哲学探究』

以降のものであるにもかかわらず、言語論的哲学に関する見解は、全体として、前期ヴィトゲンシュタイン的ないしカルナップ的色彩を強く示しています。

語ることと、語ることについて語ること

どういうことか説明しましょう。

「ヴィトゲンシュタインは哲学者でヘイリー・ミルズは女優である」みたいな文は、「ヴィトゲンシュタインは哲学者である」と「ヘイリー・ミルズは女優である」という二つの文が、「そして」とか「かつ」とかにあたる接続詞でつながってできていると考えることができますよね。こんなふうに、文には単純な文が組み合わさってできていると考えられるものがたくさんあります。しかし、文をこのようにより単純な文に分解していくと、それ以上分解すると文にはならなくなるような、限界がありそうですよね。その場合の、これ以上分けられない単純な文を、「要素文」（もしくは「原子文」）と呼ぶことにします。こうした要素文を「かつ」や「または」や「ならば」でつないだり、「ない」を付けたりして、より複合的な文を作ることができそうだということもわかりますよね。ヴィトゲンシュタインは『論理哲学論考』で、こうした要素文について、それは単純な事実の候補（これを「事態」と言います）を表すとします。

要素文は単純な「事実」を表すと言えば簡単なのにと思われるかもしれませんが、事実というのは、私たちがその可能性を考えることのできる「事態」のうち、実際に「成立」しているもの

のことだとヴィトゲンシュタインは考えるのです。要素文は単純な事態を表していますが、要素文が表す単純な事態がみんな成立しているとは限りません。要素文が表す単純な事態のうち、実際に成立しているのが〈単純な〉「事実」です。そして、ヴィトゲンシュタインによれば、世界とはこうした事実の総体なのです。

要素文がどうして事態を表すことができるのかというと、ヴィトゲンシュタインによれば、それは、文の構成要素と事態の構成要素とがぴったり対応していることによるのです。ヴィトゲンシュタインはこの「ぴったり対応している」ということを、要素文の「論理形式」が事態の「論理形式」と同じという言い方で表現します。

かりに事態が「ネコ」と「ネズミ」と「の右にいる」という三つの要素から成り立っているとしますと、その一つ一つに対応するものを持つものは、それがどんなものであれ、その事態を表すことができます〈論理形式が同じと考えられるからです〉。例えば「ド」の音で「ネコ」を表すことにし、「ミ」の音で「ネズミ」を表すことにし、二つの音を続けて発したとき、音の後先の関係が「の右にいる」という関係を表すと決めますと、「ドーミー」と声を出せば、その声は〈ネコがネズミの右にいる〉という事態を表すことになります。

絵は、それが表現するものの要素と対応するような色や形で構成されますよね。言語もそれと同じだと前期ヴィトゲンシュタインは考えるのです。彼は文を「画像」（Bild ビルト）と考えました。ですから、彼の言語説は、「画像説」と呼ばれます。

もちろん、今の話は単純な文に関する話です。それらが組み合わさって複合的な文が構成されますが、そうした複合的な文が真であるか偽であるかは、それを構成する要素文の一つ一つが真であるか偽であるかが決まれば、自動的に決まると考えられます。「Aさんは日本人である」と「Bさんはオーストリア人である」が「かつ」でつながれてできた「Aさんは日本人でありかつBさんはオーストリア人である」は、「Aさんは日本人である」が真で「Bさんはオーストリア人である」が偽であるとしますと、自動的に偽であるとわかるといった類いです。

『論理哲学論考』のヴィトゲンシュタインは、このような言語観を持っていました。言語がこのようなものであるとしますと、それは要素文からなっていて、要素文は事実の候補である事態を表現するものでしたよね。ところが、ヴィトゲンシュタインは、『論理哲学論考』において、世界を構成する事実の候補を具体的に語っているのではなくて、文はどういうものだとか、事態はどういうものだとか、「論理形式」とはどういうものだとか、要するに、事態を語るはずの言語によっては語ることのできないものについて語っています。言い換えれば、語ることについて語るということを、言語を用いてやっています。しかも、ヴィトゲンシュタイン自身、こうした言語についての批判的検討を進めることこそ、哲学のすべきことだと考えています。ということは、哲学は、彼の考えるような言語では語ることができないことをするものだということになります。そこでヴィトゲンシュタインは、自分が『論理哲学論考』でしたことは、語ることができず、せいぜい示すことしかできないようなことだったと言うのです。

この件については、『論理哲学論考』の最後から二番目の節（六・五四）の次の言葉が、ヴィトゲンシュタインの見方をよく示しています。

私のもろもろの命題は解明的であるが、それは、私の言うことを理解する人が、それらの命題によって――それらの命題を足場として――それらの命題を乗り越えたとき、ついにはそれらを無意味だと知るということにおいてである。（人は、はしごを登り切ったあとは、いわばそれを投げ捨てなければならない。）（ヴィトゲンシュタイン『論理哲学論考』六・五四）

これに対して、カルナップは、前期ヴィトゲンシュタインが語ることができないとした「語ることについて語ること」を、語れないことではなく、言語でもって語ることができるとしたのです。ですから、ヴィトゲンシュタインが『言語哲学論考』の最後に自分は語れないことを語ってしまったと自己反省するのに対して、カルナップは堂々と言語について語ろうとします。

ではそもそもなぜ哲学が言語について批判的検討を進め、それを言語でもって語らなければならないのでしょうか。それは、言語がなんらかの理由から、その本来の機能を果たしておらず、問題を生じるということがあるからです。とすると、言語が理想的なものであれば、そのような問題も生じないわけですよね。そこで、ある種の理想言語が求められることになります。ということは同時に、今使われている言語についての考察が必要だということになります。

そうすると、哲学の語りは、何を語ることになるのでしょうか。言語について語るというわけですから、言語の構造とか、その理解の仕方とかを語ることになります。言語の構造についての論を「構文論」（syntax シンタックス）と言います。また言語の理解の仕方についての論を「意味論」（semantics セマンティクス）と言い、言語の解釈を扱います。

先の引用箇所でベルクマンは次のように言っていました。

どのような言語にも単に示すしかないものがある。そうしたものは文字通り「語りえない」というわけではない。むしろ、それらについて語る適切（かつ確か）な方途は、言語（の構文論と解釈）について語ることである。（ベルクマン「ストローソンの存在論」より）

ここに言われている「構文論と解釈」というのは、今述べたようなことを意味しています。つまり、言語がどのような構造を持っているか（あるいは持っていなければならないか）を論じたり、その理解の仕方を明らかにしたり（あるいは提案したり）するということです。

先に私は「〔ベルクマンの〕見解は、全体として、前期ヴィトゲンシュタイン的ないしカルナップ的色彩を強く示しています」と言いましたが、それは、考え方の基本においては前期ヴィトゲンシュタイン的だが、語ることについて語ることを認めている点ではカルナップ的であるという意味でご理解いただければと思います。

なお、カルナップが実際に構文論をどのような仕方で組み立てようとしたかは、一九三四年の彼の『言語の論理的構文論』（*Logische Syntax der Sprache* ローギッシェ・ジュンタックス・デア・シュプラーへ。英語版 *Logical Syntax of Language* は一九三七年に出版されています）に見ることができます。

言語論的哲学の思い込み

ベルクマンの先の言葉に典型的に認められる言語論的転回の考え方を検討するため、前期ヴィトゲンシュタインの『論理哲学論考』から、前章で引用したその序文の一部を、もう一度引用してみます。

およそ言われうるものは明晰に言われうる。そして、語りえないものについては、人は沈黙しなければならない。

本書はそれゆえ、思考に――あるいはむしろ、思考にではなく、思考されるものの表現に――限界線を引く。というのも、思考に限界線を引くには、われわれはこの限界線の両側を考えることができなければならないからである。（ヴィトゲンシュタイン『論理哲学論考』序文より）

この言葉が『純粋理性批判』のカントを彷彿とさせることは、前に述べたとおりです。前期ヴィトゲンシュタインの影響を受けたA・J・エアーは、一九三六年の『言語・真理・論理』（***Language, Truth, and Logic*** [1936]）において、カントは可能な経験の範囲を定めるためにその範囲を超えなければならなかったが、自分たちは文が有意味であるための条件を明らかにするというやり方を採るので、カントのような矛盾には陥らないとして、次のように主張しました。

ヴィトゲンシュタインが言うように、「思考に限界線を引くには、われわれはこの限界線の両側を考えることができなければならない」。ブラッドリーはこの真理をちょっとひねって、形而上学が不可能であることを証明しようとする人は、別の形而上学的理論を持つ形而上学者なのだと主張する。

これらの反論がカントの説に対してどれほどの威力をもとうと、それは私が提示しようとしているテーゼへの反論とはならない。ここでは、著者は自分が越えられないと主張している境界を自ら踏み越えようとしていると言うことはできない。というのも、感覚経験の限界を超えようとする試みが無益であることは、人間の心の実際の成り立ちに関する心理学的仮説からではなく、言語の字義的意味を決定する規則から演繹されるからである。（A・J・エアー『言語・真理・論理』第一章「形而上学の排除」より）

しかし、文が有意味であることが、どのようにしてわかるのでしょうか。

ここで、前章の最後近くで見ていただきました意味規準とその扱いの変化をもう一度取り上げ、それを別の角度から見ることにします。

エアーは、哲学を論理学の一部門と見ます。したがって、哲学が扱う「意味を決定する規則」は、「意味」とか「有意味」とか「言語」とかいった言葉の「定義」から帰結すると見ます。「意味」や「有意味」や「言語」の定義から自ずと意味決定の規則が出てくるというのです。けれど、そうなると当然、その定義はいったい誰の定義であるかが問題となります。定義はさまざまあるからです。実際エアーが用いたのは、彼自身の「有意味」の定義でした。それは、検証（もしくは確証）の手続きを指定できない言明は「有意味」ではありえないとするものでした。「検証」というのは、言明（言っていること）が真であることを証明することです。つまり、このエアーの定義からすれば、「君の言うことが正しいと、あるいは正しくないと証明するものが何なのか言いたまえ。それが言えないのなら、私たちは君の言うことを無視する権利がある」ということになります。

エアーのこのような考え方は、それなりにもっともなものではありますが、それをエアーは、自分がいいと思っている考えとして提出しているのではなく、「有意味」という言葉の意味——つまり、自分の考えとは関係なく成り立っているもの——を発見したかのような、人を欺く装いのもとに提出しているとローティは見ます。

では、なぜエアーは、そんな人を欺くような言い方をするのでしょうか。ローティによれば、それは、エアーが「哲学は論理学の一部門である」という考えを、カルナップから受け継いだからです。この考えは、哲学者がおかしなことを言うのは彼らが「言語の論理的構文論」を理解していなかったからであるという、カルナップの確信を反映しています。つまり、哲学者は言語の正しい構造を理解していないために変な文を作ってしまうのだというのです。そこで、ある文が構文論的に問題のない文であるかどうか――別の言い方をすれば、「論理的に正しい」という意味で（文みたいだが本当は文ではないような文とは違って）本当の文であるかどうか――は何によって判断するのかという問いに対して、カルナップもエアーも、「それは論理による」と答えます。けれども、本当のところは、「当該文が検証可能であるかどうかによる」という自分たちの考えで判断しているのです。

カルナップもエアーも、このことを一九三〇年代半ばには理解していなかったとローティは見ます。つまり、検証可能な文だけが論理的に正しく有意味であるという彼らの思い込みが最後の拠り所として機能していたのであり、そのため、「検証不可能な有意味な文は存在しないのか」という問いに彼らの言う「論理学」を用いて答えようとしても、それは循環を犯すにすぎなかったのです。（のちにカルナップもエアーも、哲学的に中立的な論理が存在しないことに気づきます。）

ベルクマンの考え

ローティによれば、文の有意味性（もしくは意味規準）をめぐるこの事態は、言語論的哲学がある特定の前提（ないし決めつけ）に依存していたことを示すものでした。しかし、ローティによれば、言語論的哲学者はこの失敗にもかかわらず、右のカルナップ的路線を放棄しようとはしませんでした。言語論的哲学者は、自分たちがしようとしていることを、別の仕方で述べ直します。その一つが、一九五七年のベルクマンの論文「論理的原子論に対する反逆」（"The Revolt Against Logical Atomism" [1957]）に見られる、次の表現でした。

> 改良された言語は、次の三つの条件を満たすと考えられるとき、かつそのときにのみ、「理想言語」と呼ばれる。（1）哲学的でない記述命題はすべて、原理的に、その言語に書き換えることができる。（2）構成し直されていない哲学的命題は、その言語に書き換えることができない。（3）すべての哲学的命題は、その言語の構文論〔……〕と解釈〔……〕に関する言明として構成し直すことができる。（ベルクマン「論理的原子論に対する反逆」より）

これら三つの条件のうち、最初の二つで言われているのは、理想言語においては哲学的主張や哲学的問いを表現することはできないが、それ以外の主張や問いはすべて表現可能である、ということです。伝統的には、哲学的問いは哲学外の話題に関する反省から不可避的に生じるものとされてきましたが、ベルクマンに言わせると、そうした問いが生まれるのは、言語が哲学的問いの表現を許すものになっているからです。カルナップの場合には、哲学者の奇妙な発言（例えばヘーゲルやハイデッガーの「無」についての発言）は、言語の本当の論理構造である「論理的構文論」を理解していないことによると考えるのですが、ベルクマンの場合には、それは私たちが今使っているような言語を使っているからだと考えるのです。

しかし、もしベルクマンが言うような理想言語が可能だとしますと、それは「哲学的主張や哲学的問いを表現することはできないが、それ以外の主張や問いはすべて表現可能である」ような言語ですから、それだけでは、哲学者の仕事が語れないではないかという不満が残ります。哲学者の発言も現実の一部には違いないので、これについての語りを一切排除する言語を適切な言語とは考えづらいことになります。

そこで、三つ目の条件が登場します。「（3）すべての哲学的命題は、その言語の構文論〔……〕と解釈〔……〕に関する言明として構成し直すことができる」です。つまり、理想言語の構文論と意味論の言明として、哲学者の発言を捉え直すというのです。この条件によって、私たちは哲学の歴史を語ることが可能になりますが、その歴史は、理想言語はどうあるべきかに関する提案の歴史として語られることになります。

例えば、スピノザ（Baruch de Spinoza, 1632–1677）は、自身の汎神論的哲学において、私たちを含む全自然を神と捉え、私たちの心と体は、神のあり方のうち、私たちにわかる二つのあり方にすぎないとしました。これによって、心と体というまったく異なる二つのものがどのように関係し合えるかという心身問題をはじめとする諸問題は、提起する必要がなくなります。ベルクマンによれば、このスピノザの汎神論は、そうした問題が提起できない理想言語の提案として扱われることになるのです。

方法論的唯名論

しかし、ローティによれば、ベルクマンは単に「理想言語」の定義を与え、それとともに「哲学」という言葉の新たな用法を提案しているにすぎません。この提案に対して、ローティが特に問題にしたのは、「言語論的転回は言葉だけに注意を向けさせるものであって、言葉が表示する概念に注意を向けさせるものではなく、したがって「退屈な回り道」でしかない」という、言語論的哲学に向けられた反論でした。

この反論は、要するに、私たちが扱わなければならないのはさまざまな「概念」であるはずなのに、言語論的転回は概念から注意をそらせ、言葉だけに注意を向けさせようとするもので、結局、しなくていい回り道をしているだけだというものです。この反論は、言語論的哲学のある種の「唯名論」（nominalism）を問題視するものとローティは考えます。

ここに言う「唯名論」とは、「概念」は存在しないとする説のことです。「概念」というのは名ばかり（ただ（唯）名前のみ）で、そんなものはないとする説のことです。ですから、「唯名論」です。言語論的転回以前には、哲学者はさまざまな概念を扱ってきました。「心」とか「物体」とか「善」とかの概念です。けれども、言語論的転回は、概念に関する考察を表現するような言語を許しません。哲学者に許されるのは、言語に関して語ることだけです。ですから、言語論的転回は、そのような心の中の概念の表現を認めないという意味で「唯名論」なのです。

言語論的哲学者は、言語論的哲学に向けられた先の反論に対して、かりに概念の存在を認めるとしても、概念に関する知識を得るには言語の用法を調べるしかないと応じます。例えば、『哲学探究』のヴィトゲンシュタインは、概念が存在するとか、概念を直接調べることができるとかいった見解を直接的に否定したわけではありませんが、彼の言葉は、実際には概念を直接調べることができなくても、それができると私たちが思い込むのはなぜかを、私たちに示唆しています。このヴィトゲンシュタインの示唆によって、言語論的哲学者たちは、「方法論的唯名論」（methodological nominalism）を受け入れるようになったとローティは見ます。つまり、概念についての考察は、言語表現の用法を考察することによってのみ、進めることができるというのです。

この「方法論的唯名論」もまた、一つの哲学的主張にほかならず、一つの独断であるには違いありません。しかし、これに対しては、今度は、反対者の側が答える義務を負うことになります。言語表現の用法を調べるのでは明らかにならないような個々の概念の本性があるというのなら、それはどういうものなのか。そして、この問いに対する答えの真偽を判定するための妥当な規準は何なのか。今度は、言語論的転回の反対者が、それに答えなければならないのです。

日常言語哲学

では、日常言語哲学のほうはどうなのでしょうか。
ローティによれば、日常言語哲学は、「哲学的問いは言語に関する問いである」というカルナップ＝エアーのもともとの主張を別の仕方で定式化し直そうとしたものです。大雑把に言いますと、それは、先に挙げたベルクマンの考えは受け入れるものの、理想言語を新たに構築することは拒もうとします。なぜかと言えば、日常言語としての母語から、哲学的な語りを取り去れば、それはベルクマンの言う「理想言語」の資格を持つと考えられるからです。要するに、理想言語哲学と日常言語哲学の違いは、どの言語を理想言語と考えるかの違いである、とローティは見ます。

理想言語哲学は、伝統的な哲学の諸問題の起源を日常言語の不透明さに求め、それを避けるためには理想言語の構築が必要であると考えました。これに対して、日常言語哲学は、哲学的問題が生じるのは、日常言語が不透明だからではなく、哲学者が日常言語を本来の仕方で使用していないからだと考えます。つまり、哲学者は日常言語を使用しているように見えながら、実はそれを誤用していると言うのです。ですから、常識では答えられない問題を常識自身が生み出すことを論じようとしているとき、その議論においては、言葉が通常の用法から逸脱した仕方で用いられているのであって、これを具体的に指摘することが日常言語哲学者の仕事だというのです。

日常言語に科学を加えたものは、存在するものすべてを記述・説明するのに十分であるという日常言語哲学者の考えからしますと、哲学者は言語的手段を失い、もはや哲学することはできないことになります。しかし、これは、哲学はそもそも不要であるという決めつけにほかなりません。考古学者の言いたいことが言えなくなるような言語を作れば、考古学者は困るでしょうが、哲学者とて同じです。哲学についてのみこのような措置をとるのは、その裏に哲学に対する敵意があると言わざるをえないことになります。

けれども、こうした反論に対する言語論的哲学者の側からの答えは、またしても、次のようなものとなります。「常識と科学では答えられない問いがあると君が考えるのなら、その問いがどういうものであるかだけでなく、どのような仕方でそれに答えることができるかを、君自身が示したまえ。」

結局、言語論的哲学者から言語論的転回の決定的理由が提示されるわけではなく、事態は、水掛け論的様相を呈することになります。

結論

三九ページに及ぶ『言語論的転回』序文の内容は錯綜したもので、それは半世紀以上にわたる「言語論的転回」自体の錯綜した状況を反映するものでした。ローティは、これまでお話しした「前提」の有無に関する考察に加えて、言語論的哲学の試みがうまくいったかどうかを判定するための「明確な規準」の存否について考察を進め、そこから西洋の哲学的伝統を根本から覆すような結論を引き出します。その結論の中の最も重要な彼の言葉は、第1章で引用したとおりです。

ここでそれをもう一度引用しておきましょう。

過去三〇年の間に哲学に起こった最も重要なことは、言語論的転回そのものではなく、プラトンとアリストテレス以来哲学者を悩ませてきたある認識論的問題の徹底的な見直しが始まったことである。〔……〕もし伝統的な知識の「観衆」説が覆されるなら、それに取って代わる知識説は、哲学のあり方〔……〕を全面的に変えることになるであろう。（ローティ編『言語論的転回』序文より）

ローティが「過去三〇年の間に」と言っていることに注意しておきましょう。『言語論的転回』の初版が出たのは一九六七年ですから、過去三〇年の間というのは一九三〇年代半ば過ぎからの三〇年です。ウィーン学団の多くのメンバーがナチスの台頭とともに英米に移ってその影響がかえってさらに広まり、並行して日常言語哲学の展開を見た時代に、分析哲学内部で密かに準備されてきた「徹底的な見直し」。これが、ローティによって明確な表現を得たのでした。

回顧

ローティはずっとのちに、論集『言語論的転回』のことを、次のように回顧しています。

さまざまな「分析」哲学者ないし「言語論的」哲学者が、「哲学は言語分析である、あるいは言語分析にならなければならないという主張は何を意味するのか」という問いに対して理にかなった答えを見出そうとしたが、うまくいかなかった。私はどの書き物を〔『言語論的転回』に〕入れるかを決めるため、彼らがそうした試みの中で書いたメタ哲学的論文を、見つかる限りすべて読んだ。

〔……〕

カルナップとヴィトゲンシュタインの意見がどの点で一致していたかを理解しようとしているうちに、彼らの明らかな差異を際立たせれば際立たせるほど、哲学的問題を建設的に解決するよりもヴィトゲンシュタイン流に解消するほうがいいと、私はより強く思うようになった。しかし、それと同時に、私は「哲学における言語論的方法」という考えそのものが道を誤っているということ――『言語論的転回』の改訂版（一九九二年）に収めた、のちのいくつかの回顧的論文において明示した見解――に気づき始めた。今私には「哲学的方法」という考えそのものが、哲学をカントの言う「学の確かな道」に置こうとする、繰り返される道を誤った試みの、副産物の一つに見える。（ローティ「知的自伝」より）

では、言語論的転回の場合、どのような意味でローティはそれを「繰り返される道を誤った試み」の一つと見たのでしょうか。

唯名論再考

先に私は、「ヴィトゲンシュタインの示唆によって、言語論的哲学者たちは、「方法論的唯名論」を受け入れるようになった」というローティの見解に触れました。概念にせよ、本性にせよ、かりにそれらが存在するとしても、それらの認識は非言語的なやり方ではなしえない。だから結局、それらを直接的に問うのではなく、言語の探究によって捉えるしかない、というのです。

この立場は、さしあたっては、「言語論的転回」自体の基盤の一つをなすものだったのですが、ローティは、言語論的転回を否定的に評価したあとも、この唯名論的な考えそのものを、もっと徹底した形で自らの主要な見解の一つとして維持し続けることになります。というよりも、この唯名論こそ、当の言語論的転回の自己解体を促すものだったのです。

例えば、『言語論的転回』の一五年後の一九八二年に刊行された『プラグマティズムの帰結』（*Consequences of Pragmatism*〔1982〕）の序文では、この唯名論は「言語の遍在性」（**ubiquity of language**）という名称のもとに、次のように論じられています。長い引用になりますが、ご容赦ください。

言語の遍在性〔……〕の強調は、プラグマティズムと最近の「大陸」哲学のいずれをも特徴づけている。ここにそのいくつかの例がある。

人間は言葉を作り、言葉は人間がそれに意味させようとしたものだけしか意味しない。しかもそれは、別のある人間に対してしか意味しない。しかし、人間は言葉や他の外的象徴を用いてでなければ考えることができないので、言葉や外的象徴は向き直って言うであろう。おまえが意味するのはわれわれがおまえに教えたことだけであり、しかもおまえがある言葉をおまえの思想の解釈者と呼ぶ限りにおいてである、と。〔……〕人間が使用する言葉や記号はその人自身である。〔……〕したがって、私の言語は私自身のすべてである。というのは、人間は思想だからである。（パース）

パースは私が超越論的所記の脱構築と呼んだ方向へ非常に遠くまで進む。超越論的所記は、折りにふれて、記号から記号への参照に、心強い終焉をもたらそうとするものであった。
（デリダ）

心理的唯名論、それによれば、種類や類似性や事実などについての認知、要するに抽象的存在者についての認知は——個物についての認知でさえ実はそうなのだが——すべて言語的出来事である。（セラーズ）

人間の経験は本質的に言語的である。(ガーダマー)

言語の存在がわれわれの地平の上にいっそう眩しく輝き続けるにつれて、人間は滅びの過程をたどる。(フーコー)

言語について語ろうとすれば、言語はほとんど不可避的に対象と化し、〔……〕そのリアリティーは消え失せてしまう。(ハイデッガー)

〔……〕彼らは言語の背後に回り込んで言語を「根拠づける」なにか、言語が「表現する」なにか、あるいは言語がそれに「合致」したいと思うようななにかに至ろうとしても無駄であったと言おうとしているのである。言語の遍在性とは、思考の「本来の起点」——ある文化の現在の語り方や過去の語り方に先行するそれとは独立の起点——たらんとしたさまざまな候補がことごとく失敗したことによって残された空所に、言語が入り込むことである。(そのような起点の候補には、明晰判明な観念、感覚与件、純粋知性のカテゴリー、前言語的意識構造などがあった。)〔……〕

〔……〕要するに、グスタフ・ベルクマンが「言語論的転回」と呼んだものは、論理実証主義者が理解したようなものとして——すなわち、カントのように「経験」や「意識」について語ることによって心理学者の領分に入り込むことなく、カント的な問いの提起を可能にするものとして──理解されてはならないということである。〔……〕言語分析哲学は、このカント的動機を乗り越え、言語に対して自然主義的・行動主義的態度をとることができるようになった。それは、こうした態度をとることによって、伝統的なカント的問題構制に対する「大陸的」リアクション、ニーチェとハイデッガーとに見られるリアクションと、同じ結果に到った。
（ローティ『プラグマティズムの帰結』序文より）

この箇所で、ローティは、「言語論的転回」の基盤であった唯名論が転回の基本的方向性の解体に寄与するものであったことを示唆しています（解体の具体的プロセスについては、のちほど改めてお話しします）。しかし、それは当然、ローティがそもそもの言語論的転回をカント的な問題提起の一バージョンと見たことを示すものでもあるのです。ローティの言い方を用いれば、そもそも言語論的転回は、認識論的転回の現代版にほかなりません。

言語論的転回と認識論的転回

一九七九年の『哲学と自然の鏡』（*Philosophy and the Mirror of Nature*［1979］）の中で、ローティは、言語論的転回がそれ以前の西洋哲学の流れの中でどのような位置を占めるかを、「認識論的転回」との関係において示そうとしました。この「認識論的転回」という言葉を、ローティは、なんらかの特権的知識を基にして文化全体の妥当性を裁定しようとする方向への哲学の転換として理解しています。そして、その視点からすれば、言語論的転回は認識論的転回の一形態にほかなりません。つまり、認識論的転回においては、観念説や表象説の立場から——つまり、先の「方法論的唯名論」で問題になった概念など（「観念」とか「表象」とか）に対する直接的アプローチを基盤として——認識全体の批判が試みられたのですが、これに対して、言語論的転回では言語へのアプローチがそれに取って代わると見るのです。ローティは『哲学と自然の鏡』の中で、この件について次のように述べています。

現代の言語哲学の第二の源泉は、明らかに認識論的である。この「不純な」言語哲学の源泉は、探究の恒久的、非歴史的な枠組みを認識論の形で提供するというカントの哲学観を維持しようとする試みである。「言語論的転回」は、〔……〕哲学的問いを「論理学」の問いに言い換えることによって、心理主義的でない経験論を生み出す試みとして出発した。（ローティ『哲学と自然の鏡』第二部第六章第一節）

言語論的転回を認識論的転回の一形態とするこのような見方を、ローティは繰り返し提示します。この見方自体は、言語論的転回のベルクマン的な見方と齟齬するものではありません。なぜなら、先に触れましたように、転回についてのベルクマンの見方は、基本的に前期ヴィトゲンシュタイン的、あるいはカルナップ的色彩の濃いものでした。もし『論理哲学論考』の言語批判的哲学観が、ヴィトゲンシュタイン自身が示唆しているように、カントの認識批判的哲学観の延長線上にあるとすれば、あるいはカルナップの哲学観がヴィトゲンシュタインのそれと重なるものであり、また、近年指摘されているように、カルナップの哲学が新カント派の思想圏に属するものであることが明らかになるとしますと、ベルクマンがどのような意図をもとうと、彼の言語論的転回の概念は、近代の認識批判的哲学観の中で理解されるべきものと考えられるからです。

こうして私たちは、ローティがどのような意味合いで「言語論的転回」という言葉を使おうとしていたかを見たことになります。それは、哲学的問題の解決もしくは解消を言語の研究によって行うことを意図するものですが、その基盤の一つにある種の「唯名論」があり、また、認識批判的方向性を持つものとしてそれは理解されていたのです。

ところが、興味深いことに、ローティはこの唯名論を足がかりとして、結局、言語論的転回の認識批判としての面を解体してしまいます。つまり、ローティのメタ哲学的思想のうちに、私たちは言語論的転回の自己解体を見ることになります。では、その解体は、どのようにしてなされるのでしょうか。

言語の遍在性と言語論的転回の解体

先に見ましたように、『言語論的転回』序文において「方法論的唯名論」とローティが呼んだものは、のちには「言語の遍在性」という言葉でさらに徹底した仕方で表現され、また、先ほどの『プラグマティズムの帰結』序文にも見られるセラーズの「心理的唯名論」で置き換えられたりします。要するに、あらゆる認知・認識は言語的なものだというのです。したがって、その限りにおいて、すでに、言語が言語外のなにかを忠実に捉えているかどうか（文が文でないなんらかの事実に対応しているかどうか）でもって真偽を判定し、そのために言語外のなにかを捉えようと努めることの意義は、却下されることになります。こうして、文が真であるかどうかは、それが文でないなにかと正確に対応しているかどうかで決まるとする「真理の対応説」的見解はもとより、「観念」や「表象」と呼ばれるものへの純粋な（非言語的な）アプローチを行おうとするタイプの哲学は、すべて却下されることになります。つまり、これによって、例えば近代の「観念説」や「表象説」に基づく認識論的営みは、根底から覆されることになるのです。

ローティは、この「対応説」批判によって、基本的には、西洋の懐疑論とそれに対する回答としての認識論の織りなす伝統が、いかに誤った道を歩んでいたかが示されたと見ます。一方には私たちの発言ないし信念があり、他方には私たちの発言や信念とは独立のなにかがある。前者が真であるかどうかは、それが後者に対応しているかどうかによって決まる。だが、その対応の保証はあるのか。ここに懐疑論の起源があるとローティは見、それに答えようとして近代認識論が成立したと考えます。文や信念はいかにして真であるか。これを示すことがその営みの核心をなすというわけです。しかし、「言語の遍在性」が正しければ、言語外の、言語とは独立に成り立つ事実への「直接的」アプローチは幻想です。そして、そのようにして、私たちの発言や信念がなにかと対応し、なにかを映していると見ることに疑念が生じるなら、観念や表象を言語に置き換えることによる新たな認識論的哲学としての言語論的哲学の構築も、その意義を失ってしまうことになります。つまり、ローティの見方からすれば、言語論的転回の唯名論は、近代認識論の問題性を暴くとともに、自らの認識論的性格自身にも刃を向けることになるのです。

言語と言語外のなにかとの対比関係が「言語の遍在性」によって消去されるのであれば、残るのは言語のみです。言語は、その用法が歴史の中で変化していくものであってみれば、そこから特権的な知識を得て文化全体を超歴史的に整序するという構想は、もはや確たる根拠を持ちそうにありません。ありうるのは、ある時代の言語（と生き方）を守ろうとするか、それとも新たな生き方と表裏をなす新たな言語使用を提案するか、そのいずれかだけのようです。そこにはもはや、カントが言うような文化の「法廷」としての認識論や、その言語論的転回の入る余地は、なさそうです。

「知識の観衆説」と視覚的比喩

近代認識論に対するローティの批判については次章で立ち入ることにして、本章での話を終える前に、先にローティが言及していた「知識の観衆説」と、これまですでに幾度か出てきた「後期ヴィトゲンシュタイン」のことについて、いま少し、お話ししておきたいと思います。

先の引用箇所で、ローティは「もし伝統的な知識の「観衆」説が覆されるなら、それに取って代わる知識説は、哲学のあり方〔……〕を全面的に変えることになるであろう」と言っていましたよね。この「知識の観衆説」（spectator theory of knowledge）というのは、ローティが幼少の頃から関わりのあった、ジョン・デューイの言葉です。

デューイは、一九二九年の『確実性の追求』（*The Quest for Certainty*［1929］）の中で、「知識の観衆説」について次のように述べ、これを批判しています。

知識の理論は、視覚の働きにおいて起こるとされたことを手本として作られる。対象は、光を目へと屈折させ、見られることになる。それは、目と、視覚器官を持つ人には影響するが、見られるものには影響しない。実在する対象は王者のように超然とした対象であるため、それを見つめるいずれの心にとっても王である。知識の観衆説は、その当然の結果である。（デューイ『確実性の追求』第一章より）

つまり、「知識の観衆説」とは、対象は王のように超然としたものであって、それを見る観衆には影響を与えはするが、当の対象自体はもとの対象のままである、という考え方のことです。言い換えれば、ものを知るということは、それ自体としてあるものを、そのあるがままに捉えることであるという見解のことなのです。

因みに、デューイは、人間の「知る」という営みを、「知性」（intelligence）による問題解決の努力の積み重ねとして捉えようとします。彼は、「人間は習慣の生き物であって、理性の生き物でもなければ本能の生き物でもない」と言います。この習慣を作ったり壊したりして環境に適応しようとする能力が、デューイの言う「知性」です。

さて、「知識の観衆説」は、知ることを「ものを見る」という視覚の働きになぞらえて捉えようとするものであるため、ローティはこれを、「視覚的比喩」によって知識を捉えようとするものと見ます。その点は、先に引用したローティの言葉に付された注でも確認することができます。「プラトンとアリストテレス以来哲学者を悩ませてきたある認識論的問題」という言葉に付された注で、ローティは次のように述べています。

これらの問題が問題となるのは、知識を獲得するためにはなにか「直接的に与えられるもの」が心に現れなければならないと考える場合だけである。その場合、心はある種の「非物質的な目」と見なされ、「直接的に」という言葉は少なくとも「言語の媒介なしに」を意味する。この知識の「観衆説的」な捉え方は、デューイ、ハンプシャー、サルトル、ハイデッガー、ヴィトゲンシュタインといった多様な哲学者が共通の標的としているものである。（ローティ編『言語論的転回』序文、注七五）

そうなんです。ローティは、「言語論的転回」関連の文献を検討した結果、この「知識の「観衆説的」な捉え方」に深い疑念を抱くのですが、そこにはすでに、彼がのちのちまで重視するデューイとともに、ハイデッガーやヴィトゲンシュタインの名前が出てきます。ここに出てくるヴィトゲンシュタインは、『哲学探究』のヴィトゲンシュタイン、つまり、「後期ヴィトゲンシュタイン」です。

「ヴィトゲンシュタインと言語論的転回」

ローティはヴィトゲンシュタインをその生涯において繰り返し論じましたが、彼のヴィトゲンシュタイン観がよくわかるものの一つに、亡くなる前年の論文「ヴィトゲンシュタインと言語論的転回」（"Wittgenstein and the Linguistic Turn"〔2006〕）があります。この論文は、二〇〇六年にオーストリアのキルヒベルクで開催された第二九回国際ルートヴィッヒ・ヴィトゲンシュタイン会議に招待された折りに、開会講演として用意されたものでした。ローティは健康上の理由からこの会議に出席できませんでしたが、論文そのものは会議で公にされ、会報に巻頭論文として収載されたあと、『文化政治としての哲学』（二〇〇七年）に再録されました。

その表題からもわかるように、この論文は、言語論的転回に対するローティの姿勢を確認する上でも大変興味深いものです。

その冒頭を引用してみましょう。

ヴィトゲンシュタインは読むに値するか、彼から何を学ぶことができるかのいずれについても、現代の哲学者の間には著しい見解の相違がある。この相違は、哲学的問題は言語の問題か、またいかなる意味でそうなのかについての意見の対立と、対応関係にある。〔本論文〕では、私はヴィトゲンシュタインに関する三つの見方を叙述するが、それらはいわゆる「哲学における言語論的転回」についての三つの考え方に対応している。それら三つの見方を叙述することによって、私は過去に自分が弁護してきた二つの主張を擁護することができるであろう。一つは、哲学的問題は言語の問題であるということに興味深い意味などないという主張である。もう一つは、言語論的転回は、それにもかかわらず有用であった、なぜなら、それは哲学者の注意を、経験という話題から言語行動という話題へと転じさせたからであるという主張である。その方向転換は、経験論の――もっと概括的に言えば、表象主義の――支配を打破するのに手を貸したのである。(ローティ「ヴィトゲンシュタインと言語論的転回」より)

ここでローティは、先に言語論的転回について確認した自身の視点を、改めて簡潔に表明しています。言語論的転回が興味深い成果を残したとすれば、それは「表象主義」――われわれはそれ自体で実在するなにかを忠実に映し取らなければならないという考え――の「支配を打破するのに手を貸した」ことにある、というのです。

ヴィトゲンシュタインの重要性

ローティは、後期ヴィトゲンシュタインを崇拝する人々を、大きく二つに分けています。一つは、「治療」を施す人としてヴィトゲンシュタインを見る人々です。こうした人々は、しばしば、前期ヴィトゲンシュタインの『論理哲学論考』の結論部や、『哲学探究』に見られる「哲学は単にすべてのものをわれわれの前に置くだけであり、なにも説明したり演繹したりしない」（一一六節）などの言葉を重視します。要するに、ヴィトゲンシュタインがしようとしたのは、「蝿を蝿取り壺から出してやること」だというのです。ローティはこうした人々を「ヴィトゲンシュタイン的セラピスト」と呼んでいます。

先に見ましたように、ローティにもこれに共鳴する面があります。しかし、ローティが自身の本領を発揮するのは、これとは異なった面についてです。ローティは、「ヴィトゲンシュタイン的セラピスト」に「プラグマティックなヴィトゲンシュタイン主義者」を対置し、自分をその一人と見ます。彼はその「プラグマティックなヴィトゲンシュタイン主義者」の見解を、次のように表現しています。

自分たちのヒーロー〔後期ヴィトゲンシュタイン〕の重要性は、言語と言語でないものとの関係に関する——『論考』において提示されたような——よくない理論を、『哲学探究』において

提示されたよりよい理論に置き換えたことにある。（ローティ「ヴィトゲンシュタインと言語論的転回」より）

つまり、『哲学探究』の重要性を、「治療」とは別のところに認めようとするのです。どこにそれを認めるかというと、そのことは、次のように表現されています。

もしわれわれが二つの誤った信念を持っているのでなければ、〔何が本当に実在するかを探究することが〕われわれの興味を引くことはないであろうと、プラグマティックなヴィトゲンシュタイン主義者は言う。二つの誤った信念とは、一つは、言語が知識の媒体であるのは、ただ、それがある特定のところで言語でないものとつながれているからだという信念である。そしてもう一つは、科学的イメージは、何が本当に実在するかをわれわれに告げることによって、言語と言語でないものとをつなぐところとして何が使えるかをわれわれに知らせる、という信念である。しかし、『哲学探究』のおかげで、言語と言語でないものとをつなぐところなど考えなくていいとわれわれは気づく。その本をプラグマティックに読めば、ヴィトゲンシュタインがわれわれに促しているのは、〔……〕言語に対する「外在的」視点——言語を「横から」見ることを可能にする視点——を得ようとするのをやめることである。（ローティ「ヴィトゲンシュタインと言語論的転回」より）

言語は言語でないものとあるところでつながっているという言語観は、言語使用者を横から見るものです。しかし、横から見られている言語使用者は、それを見ている当の自分自身ではありません。自分自身がいったい何であるのか。自分自身はいかなる地点に立っているのか。この視点に自らを戻したとき、「心的でない実在の、正確な心的表象を得る試みという知識像」はいったいどういうことになるのか。そのことが問われなければなりません。ローティは、言語を横から見る「言語に対する「外在的」視点」をやめさせ、次章で述べるような「デカルト・ロック・カント的」知識像から私たちを引き離したという点に、ヴィトゲンシュタインの重要性を見ているのです。

先に私たちは、『哲学探究』のヴィトゲンシュタインが「方法論的唯名論」の支えとなることによって、言語論的転回の支えともなったことに言及しました。しかし、その後の論述でおわかりのように、ローティはヴィトゲンシュタインのそうした言説が、セラーズらの言説とともに、言語論的転回の解体に道を開いたと見るのです。次には、こうしたヴィトゲンシュタインに関するローティの評価とともに、ハイデッガーら「大陸の哲学者」の主張をも念頭に置きながら、さらにローティの見解を見ていくことにしたいと思います。

第4章

自然の鏡に抗して

自然の鏡

ローティの名前は、すでに六〇年代には『言語論的転回』などの論著で知られるようになっていましたが、その名を圧倒的に周知させたのは、なんと言っても一九七九年刊行の『哲学と自然の鏡』（*Philosophy and the Mirror of Nature*［1979］）でした。

プリンストン大学出版局から出版されたこの本は、瞬く間に各国語に翻訳され、世界中で話題になりました。最大の理由は、その本が、西洋の伝統的な考え方を今やわれわれは捨てたほうがよいと主張したからです。

『哲学と自然の鏡』。変わった名前ですよね。「自然の鏡」というのがタイトルに使われています。

「自然」というと、大自然のことをまずは思い浮かべるかもしれませんね。英語で「ネイチャー」（nature）。大文字にしたりもしますけどね。この言葉、もともとヨーロッパで久しく公用語であったラテン語の「ナートゥーラ」（natura）から来ているのです。「ナートゥーラ」のもともとの意味は、それ自身でそのようになっているもの。自ずと然り（おのずとしかり）、自ずから然り（おのずからしかり）。それ自身でそうなっているもののことですから、大自然ももとよりナートゥーラですが、物事の本質（本性）もそれ自身でそうなっていると考えられましたから、これも「ナートゥーラ」とか「ネイチャー」とか呼ばれました。

それよりも先に、ギリシャでは「ピュシス」（φύσις）というギリシャ語で同じことが言われていました。「ピュシス」はしばしば「ノモス」（νόμος）と対になる言葉として使われました。ノモスは「人為」。「法律」や「習慣」のことが考えられていました。こういうものは、人間が定めたものですが、ピュシスというのはそうではなくて、それ自身で定まっているものです。それがラテン語では「ナートゥーラ」と呼ばれ、英語に入って「ネイチャー」となったのです。

それでは、「自然の鏡」とは何でしょうか。鏡といえば、勝手に像を作るものではなくて、自分を磨いて自分以外のなにかをあるがままに映すのが本来の役割と考えられてきましたよね。つまり、「自然の鏡」とは、それ自身で定まっているものをそのあるがままに映し取るもの、ということなのです。それが「自然の鏡」です。自分で勝手に像を作るのではなくて、定まったものをあるがままに映し取るのが務め。いったい何のことを言っているのでしょう。

そうです。人間のことです。西洋では、人間は、自分勝手にあれこれ考えて生きていくべきものではなくて、最終的解答は決まっており、それを忠実に捉え、それに従って生きていくべきものだと、長い間考えられてきたのです。（このことは、次章以下でも改めて確認しますけどね。）人間は、そのようなものであるべきだ。ローティはこれを念頭において『哲学と自然の鏡』という表題の本を出版するのですが、その趣旨は、そうした「自然の鏡」という人間観・知識観は、もうやめたほうがいいというものでした。

永遠の問題？

「哲学者は、通常、自分たちの学問〔哲学〕を、繰り返される永遠の問題――人が反省を行うや否や持ち上がる問題――を論じるものと考えている」という言葉から、『哲学と自然の鏡』は始まります。ローティはこうした永遠の問題の存在に深い疑問を抱いています。今日でも相変わらず話題になっている人間と他の存在との違い、心と物体との関係、認識の根拠――例えばこういったものは、しばしば永遠の話題だと考えられてきました。これらの問題は互いに関係し合い、哲学はそれらの考察によって、文化の他の一切に「基礎」を与えるとされています。人間の心的過程を研究することによって、さまざまな分野の認識の妥当性についての判定が哲学には下せるというのです。

ローティは、こうした哲学観を自明視する哲学者に対して、反デカルト的・反カント的視点からその哲学観を徹底的に批判しようとします。彼はその書の序論で、次のように述べています。

本書は、哲学、特に分析哲学における最近のいくつかの展開を、〔ヴィトゲンシュタイン、ハイデッガー、デューイが引き起こした〕反デカルト的・反カント的革命の視点から概観しようとするものである。「心」には「哲学的」見解がなければならないとか、「認識」にはそれについての「理論」〔つまり認識論〕が必要であり、「認識」とは「基礎」を有するものであるとか、カント以降人々が考えてきたようなものが「哲学」であるとかいった、読者の確信を覆すことが、本書の目的である。（ローティ『哲学と自然の鏡』序論より）

ローティのこの方針を理解するには、デカルト的・カント的なものの見方をまずは確認する必要があります。ローティは、同時代の哲学的問題を論じながら、同時にデカルト・ロック・カントについて順次考察を進めていきますので、ともかく、彼の議論の順序に従って、その主張を見ることにしましょう。

われわれの鏡のような本質

『哲学と自然の鏡』は、三部からなります。第一部は「われわれの鏡のような本質」（Our Glassy Essence）と題されています。このタイトルは、シェークスピアの『尺には尺を』（*Measure for Measure*）の中の "his glassy essence" という言葉を念頭に置いたもので、実際ローティは、この第一部（原典四二ページ）で、登場人物の一人であるイザベラの、次の言葉を引用しています。

しかし、あの男は、傲慢なあの男は、
わずかな束の間の権力をふりかざし、
自分が鏡のような本質（glassy essence）を持つという

最も確かなことをいささかもわきまえず、怒った猿のように、
神の前でとんでもない振る舞いをし、
天使たちを泣かせる。もし天使が私たちと同じように笑うことができるなら、
彼らは、ひたすら笑い転げて死ぬことだろう。（シェークスピア『尺には尺を』第二幕第二場より）

「グラッシー」（**glassy**）という形容詞は、「ガラスのような」、つまり「もろい」というふうにとられる面もあるのですが、ここでは「鏡のような」、つまり神の意思を映すべき存在であることを表現するものと考えられます。

右の文脈では、鏡が映すべきものは、神が与えてくれます。しかし、「それ自身でそう定まっているもの」（つまり **nature**）としては、古来西洋では、プラトンの「イデア」をはじめ、さまざまなものが考えられてきました。それを映し取るのは、もちろん、私たち人間の心です。近代に入ると、この「心」について、ある強力な考え方が提示されます。それを提示したのは、ルネ・デカルト（**René Descartes, 1596–1650**）でした。そこで、ローティの議論に入る前に、デカルトのことについて、少し確認をしておくことにします。

デカルトの「心」

デカルトは、一七世紀のヨーロッパにおける、代表的科学者でした。彼は、自らの新たな科学

の基礎をなす「第一哲学」（形而上学）についての考察において、例の、「われ思うゆえにわれあり」（Cogito ergo sum. コーギトー・エルゴー・スム）を含む心に関する一連の考察を提示します。

　学問をやり直すためには、これまで信じてきたことをすべて疑い、少しでも疑う理由があるものは偽とみなすことによってこれを排除するという方針を、デカルトは立てます。この方針に従って、彼はまず、感覚によって信じるに到ったこと（これには人から聞いたことも含めます）に疑いを向けます。感覚によって信じるに到ったことには、見間違い、聞き間違いがありえます。これが疑いの第一の理由です。もしかして今も見間違いをしているかもしれないというのです。しかし、自分の手や服装を見て、それらを見間違うことはないだろうと思い直しますが、今度は、夢と現実の区別が明確でなく、今も夢の中の出来事かもしれないと考えます。これが、感覚によって信じるに到ったことを疑う第二の理由です。こうして、デカルトは、感覚に基づく信念や知識の一切を、疑うべき理由があるとして捨ててしまいます。

ルネ・デカルト

　次にデカルトは、数学的な信念・知識を取り上げます。これらは、たとえ夢の中で考えたものであっても、そのことには関わりなく真であるなら真なのですから、感覚に基づく信念や知識とは別個に検討することになります。しかし、数学でもこれまで間違えたことがあります。ですから、今も間違えているかもしれません。これが、数学的信念・知識を疑わしいとする第一の理由です。しかし、先ほどと同じく、いくらなんでも二足す三は五というのは間違えてはいないだろうとデカルトは考え直します。けれども、結局は、「欺く神」を想定して、数学的信念や知識もまた、すべて捨てることになります。もし私たちを創った神がいて、それが悪い神で、間違いを正しいと思うように私たちを創ったとしたらどうかと考えるのです。そんな可能性はないと言い切れるわけではありませんので、こうして数学も捨てられるのですが、この最後の理由は、あらゆる信念や知識に適用できますよね。

こんなふうにして、デカルトは、これまで信じてきたことをすべて失うことになります。つまり、自分の体も天も地もなく、なんの知識ももはや持つことができないことになるのです。ところが、そこで彼は気づきます。そのように、すべてを疑っている以上、疑っている自分が存在することは確かではないか。

疑うというのは、「考える」の一種です。それで、私は考える、ゆえに私はある。これが、最初に見つかる絶対確かな事柄で、デカルトはこれを「第一原理」と呼びます。

さて、そこで、私はある、私は存在するという場合の「私」とは何か、ですが、体も大地も天もみな存在しないとした上での「私」ですから、それは「心」とか「精神」とか呼ぶしかない。こうしてデカルトは、心としての「私」の存在が確認されたとします。

デカルトの議論はさらに続き、神の存在証明のあと、「物体」の存在が証明され、話は自然科学へとつながっていきます。

問題は、そのデカルトが、「心」をどのようなものと考えたか、です。

一六四一年に出版された『第一哲学についての省察』（*Meditationes de prima philosophia* メディターティオーネース・デー・プリーマー・ピロソピアー）に、次のような言葉があります。

私とは何であるか。考えるものである。それは何か。ほかならぬ、疑い、知り、肯定し、否定し、意志し、意志せず、また、想像し、感覚するものである。（デカルト『省察』第二省察）

このように、デカルトは、心に広範な働きを認めます。そして、そうした心の中に、さまざまな「観念」が現れるとします。私たちの見る色や形、あるいは私たちが考える人間や三角形や神、こうしたものはすべて心の中の「観念」（**idea** ラテン語では「イデア」、これが英語に入って「アイディア」と発音されることになります）として扱われます。多様な働きをなす心と、心の中に現れる多様な観念。このような捉え方を基本に、デカルトは第一哲学の考察を進めます。

こうした心に対して、まったく異質のものとしてその存在が認められるのが、身体を含めた物体です。物体は、右のような働きは一切せず、心が「考えること」を本質とするのに対して、物体は「延長」すなわち三次元的に広がっていることを本質とするとデカルトは見ます。心と物体をまったく異質の二種類の存在物とするこのような考えは、「心物二元論」と呼ばれます（人間に関して言えば、「心身二元論」です）。そして、心と物体はまったく異質のものですから、それらの間には直接的な因果関係は成り立たず、一方に起こったことを「機会」として他方にそれに対応するなにかが起こると説明されます。例えば、感覚器官に与えられた刺激が物理的に脳に伝わると、それに対応してなにかが見えるという類いです。見えているものは、心の中にあるとされます。外の物体からの刺激に対応して、心の中に現れると見られるからです。それでも、そのようにまったく異なる心と体との間にどうして相互に働きかけができるのかは、ずっと難問として残りました。これは「心身問題」と呼ばれ、現代でも盛んに議論されています。

心の発明

さて、『哲学と自然の鏡』第一部第一章のタイトルは、「心の発明」です。「心の発明」？　デカルトが言うように、心というのは、はじめから、考えたり疑ったり想像したり意志したりするようなものとして、私たちの中にあるものではないのでしょうか。

ところが、これに対して、本書を読んでくださっているあなたは、もしかしたら、心というのは脳の働きの結果であって、体と対等にそれとは別にあるものではないとお考えかもしれませんね。今日、よく見られる考え方です。心の働きと言われているものは本当は神経系の働きであって、それとは別に存在するものではないというわけです。これは、「心脳同一説」と呼ばれている考え方で、オーストラリアのＪ・Ｊ・Ｃ・スマート（J. J. C. Smart, 1920–2012）がその代表者でした。

また、前の章で、ギルバート・ライル（Gilbert Ryle, 1900–1976）という人が出てきましたよね。彼は『心の概念』（*The Concept of Mind*［1949］）という本の中で、おもしろいことを言っています。ライルは、デカルトの考えでは人間とは身体という機械の中に心という幽霊がいるようなものだとして、「機械の中の幽霊」（ghost in the machine）という表現をデカルトの見解に適用します。そして、ライル自身は、私たちが心のあり方として語っているものは実は身体のあり方を語るものだと考え、身体とは別に心があるとする考え方を「カテゴリー・ミステイク」と呼びました。心は体と対等に並べられるものではなく、体のありよう（行動や、行動の傾向など）と認められるものであり、身体と心を同列に置くのはカテゴリーを取り違えたもの、つまり「カテゴリー・ミステイク」だというのです。ライルのこうした立場は、「論理的行動主義」と呼ばれています。

心について考察する哲学の分野を「心の哲学」と呼んでいます。心の哲学では、デカルトのそれも含めて右に挙げた三つの立場（心身二元論、心脳同一説、論理的行動主義）にさらに「機能主義」を加えて、一九六〇年代から七〇年代にかけて、賑やかに議論が続いていました。ローティもかつて「消去的唯物論」者として議論に加わっていたことは、第1章で触れたとおりです。『哲学と自然の鏡』におけるローティの議論は、デカルトの「心」の概念が頼りとしていた「直観」を崩そうとするものでした。

「直観」（「直感」ではなく）は、推論（推理）と言われるものと異なり、真理を直接観て取るものとして、古来学問の方法の一つとして認められていたものです。デカルトは、自身がその存在を認めた「私」は「心」であり、心がどういうものであるかは直接わかる、つまり直観的にわかるという立場を採りました。これに対してローティは、そうした直観は、実は真理をあるがままに（鏡のように）捉えたものではなくて、歴史的に形成され受け継がれてきたにすぎないものだと主張します。言い換えれば、デカルト的な「心」の捉え方は、歴史の中で作られたもの（発明されたもの）だと言うのです。

（のちにローティは、「直観」というのは慣れ親しんだものについて言われるもので、それは、歴史を超えた「という意味で「超歴史的」な」真理を捉えたものではなく、その時代において慣れ親しまれたものを捉えるにすぎず、したがって、「直観」によって捉えられたとされるものは、かえってそれ自体の歴史性［その時代に優勢になったにすぎないという性格］を暴露するものであると主張しています。）

ローティがデカルト的な心をそのように言う理由の一つは、「心」の働きとしてひとまとめにされたものには実に多様なものが含まれていて、それらは自ずと一つにまとまるようなものではない、ということにあります。例えば、デカルトは、先の『第一哲学についての省察』からの引用にありましたように、心の働きの一つとして「感覚する」というのを認めています。この場合、なにかが見えるとか聞こえるとかいうことが実際にありますよね。けれども、「意志する」という働きの場合には、「感覚する」場合と同じように必ずしもなにかが現れるわけではありません。

こんなふうに、デカルトが心のあり方としてまとめているものは多様です。それらがすべて同じように心に帰属すると考えるのにいったん慣れてしまえば疑問は持たないものの、そうした心の捉え方は、デカルト自身によって作られた〔発明された〕心の捉え方であって、恒久不変の捉え方ではないというのがローティの見方です。彼はこの件について、例えば、「観念」という言葉の用法に注目して、次のように述べています。〈《……》部分はそこに含まれる語が大文字で始まっていることを示します。〉

ケニーが言うように、「観念」という言葉の近代的用法はデカルトに発し、ロックを経由して出てくるのであって、「デカルトはその言葉に意識的に新たな意味を与えようとした。〔……〕人間の心の内容を表すのにその言葉を意図的に使用することが、新たな出発点となった」。〔けれども〕もっと重要なのは、ギリシャや中世の伝統の中には、「観念」という言葉のデカルト＝ロック的用法と合致する〔外延を等しくする〕言葉が、哲学用語にさえなかったし、痛みと明晰判明な観念のいずれもが単一の《内的な目》の前を通過していくような内的空間として人間の心を考えることもなかったという点である。〔……〕今日われわれが「心的」と呼ぶ――身体的で知覚的な感覚[……]、数学的真理、道徳規則、神の観念、憂鬱な気分といった――一切のものが観察に準じるある働きの対象となる単一の内的空間という考えは、目新しいものであった。〈ローティ『哲学と自然の鏡』第一部第一章第五節〉

ではデカルトは何を手がかりとして心と心の中の観念を一つのまとまりとして捉えたのでしょ

うか。ローティはそれを、「疑うことができない」という点に見出します。確かに、デカルトはもともと疑えないものを見つけることを目的として第一哲学を始めるのですから当然といえば当然なのですが、痛みの感覚も色や形の感覚も自分が今考えていることも、自分にとってはそれを今自分が持っている（意識している）ことは疑えないと見ることができます。こうした「疑うことができない」ということを基準に、デカルトは新たに心というものを考え出したというのです。デカルト的な心は、その意味で、ある時代のある哲学者の産物であり、それがなければ、それを基盤としたロックやカントの認識論的営みもあとに続かなかったであろうとローティは見るのです。

対蹠人

ローティは右の議論を敷衍するため、おもしろい話を『哲学と自然の鏡』第二章で始めます。「対蹠人」の話です。先ほどのJ・J・C・スマートがオーストラリアの人で、ニュージーランドとオーストラリアは西ヨーロッパからすれば「対蹠地」ですから、そのことに引っかけての命名です。つまり、心的状態は脳の状態にほかならないというオーストラリア人の考えに引っかけての、「対蹠人」の話です。

私たちの銀河系の反対側にある「対蹠星」の「対蹠人」と呼ばれる人たちは、例えば「痛い」と言う代わりに、「C繊維が刺激されている」と言うことにしているとします。同じように、「私は今考え事をしている」と言う代わりに、なんらかの対応する脳の状態について語ることにしているとします。これ、ずっとそうだとすると、はじめてそういう人に出会った人も、一緒にいると、そんなふうに語ることにそのうち慣れてしまうかもしれませんね。

さて、そうした場合、そのような語り方をしている人は、いったい何について語っているのでしょう。

え、「痛い」という心の状態を言うのではなくて「C繊維」について語っているのだから、C繊維、つまり神経について語っているんじゃないのかな？　さて、どうでしょう。

神経について語っていそうで、実は本人としては、心の状態（つまり感じられている痛み）について語っているつもりというのが、あるかもしれませんよね。

そこなんです。微妙なところですよね。本気で神経の状態について語っているつもりなのかもしれませんしね。

直観の歴史的起源

ローティは、『哲学と自然の鏡』第一部で、そのような話を山ほどして、その結果、デカルト的な「心」の見方は、絶対そうでなきゃという保証はなく、デカルトによる歴史的な「発明」品が、多少の手直しを経て受け継がれてきたものだと論じます。ということは、それに不都合があって、もっといい考え方があるのなら、それに乗り換えることもできそうだということです。

実際ローティは、『哲学と自然の鏡』の序論で、次のように述べています。

第一部は心の哲学に関わり、第一章では、デカルトの二元論を支えている直観なるものが歴史的起源を持つことが示される。第二章では、もし予測と制御の生理学的方法が心理学的方法に取って代わるとしたら、その直観がどのように変わるかが示される。(ローティ『哲学と自然の鏡』序論より)

このように、ローティは、『哲学と自然の鏡』第一部で、現代の心の哲学における議論を批判的に検討し、デカルト的二元論に見られる心の捉え方が万人がいつの時代にも直観によって受け入れなければならないようなものではなく、ある時代に発明されたものであることを示そうとします。が、それは単にそれ自身で終わる話ではなく、ローティにとってはまさに、近代の認識論的発想を覆す準備段階をなすものでした。

先に触れましたように、ローティは、西洋近代の認識論は、心のある捉え方を基に認識(知識)の基礎を明らかにし、それによって文化全体を整序しようとするものだと考えます。その心の捉え方を提示したのがデカルトだということになりますが、そのデカルトの捉え方が「超歴史的」な(言い換えれば「非歴史的」な)ものでないとすれば、話はずいぶんと違った方向に進むことになりそうです。そういうわけで、『哲学と自然の鏡』第一部のローティの議論は、その書の全体のテーマの展開にとって、重要な役割を果たすものとなっています。

近代認識論

西洋近代の認識論は、デカルトが「心」を彼なりの仕方で確保したことを承けて、ジョン・ロック（John Locke, 1632–1704）が心の働き・機構を考察することによって認識の起源や可能性・範囲を明らかにしようと試み、さらに、ロックのその原型的認識論が自然科学的性格を持っていたのをイマヌエル・カント（Immanuel Kant, 1724–1804）が修正し、自然科学的性格を持たない認識論へと転換したことによって成立したと、ローティは見ます。

ここで、自然科学的性格を持たないと言うのは、認識論が自然科学の成果に基づいて構築されるものだとしたら、それに基づいて構築された認識論が当の自然科学の認識としてのあり方の是非を問うのは、循環といいますか、論点先取りに見えますよね。ですから、カントにとっては、認識論は、自然科学のように経験（観察、実験）に依存する部分があってはならず、また、仮説に頼るものではあってはならず、ひたすらなんらかの非経験的な（その意味で「アプリオリな」）言説によって構築されなければならないのです。

ローティはこのデカルトとロックとカントの関係を、次のように表現しています。

われわれは「心的過程」の理解を基盤とする「知識の理論」（認識論）という観念を、一七世紀、とりわけロックに負っている。われわれは、「〔その心的〕過程」がその中で起きる独立した存在としての「心」という観念を、同じ時代、とりわけデカルトに負っている。われわれは文化の他の部分がなす主張を弁護したり否認したりする純粋理性の法廷としての哲学という観念を、一八世紀、とりわけカントに負っているが、このカントの〔法廷としての哲学という〕観念は、ロックの心的過程の観念とデカルトの心的実体の観念を概ね受け入れていなければ成り立たないものであった。（ローティ『哲学と自然の鏡』序論より）

『哲学と自然の鏡』におけるローティの意図は、こうした認識論の企てを覆し、別の哲学のあり方を提案するものでありましたから、当然、ロックとカントが批判のやり玉に挙がります。『哲学と自然の鏡』第二部「映すこと」（Mirroring）では、「認識論」という概念が近代にどのように成立したかを確認したあと、このロック批判とカント批判から、主要な議論が始まります。

ロック批判

ロックは、私たちが持っている「空間」とか「時間」とか「原因」とか「三角形」とかいった「観念」がどのようにして獲得され、それがどのように扱われることによって知識が成立するかを、『人間知性論』（*An Essay Concerning Human Understanding* 一六八九年に出版されましたが、扉には一六九〇年と印刷されています）で考察しました。ローティはこうしたロックの考察を、知識を得るプロセスの「説明」であって、知識を「正当化」するものではないとして、これを厳しく退けます。

ローティの批判の要点を単純化して述べれば、こういうことです。私たちは、ある見解が正しいか正しくないか、真か偽かを判断しようとする場合には、それが正しい理由、正しくない理由を挙げなければなりません。例えば、「三角形の内角の和は二直角である」という主張が正しいとするのであれば、それを示す作業、つまり、「正当化」の作業が必要であって、これをするには三角形の一辺に平行な線を対角のところに引いて、錯角が等しいとかいったことを指摘する必要があります。「金は王水には溶けない」という主張に対しては、実際に濃塩酸と濃硝酸を三対一の体積比で混ぜて王水を作り、それに金を投入してどうなるかを見なければなりません（この場合、これによって当の主張は「正当化」できないことが示されます）。このようにして、個々の「知識」ないし「認識」と言われるものが妥当であるかどうかを確認するには、それぞれに応じて「正当化」の作業をする必要があります。

ジョン・ロック

ところが、ローティに言わせますと、ロックが『人間知性論』でやろうとしたことは、そうした「正当化」ではなく、私たちの心の中でどのような仕掛けが働いて知識が得られるかを「説明」するものでしかありません。ローティはこれを、

「なぜなら私は目がいいからだ」と言うことによって自分が信じていることを正当化するのと同じだと言います。確かに、もしそうした「説明」で知識の正当化が図られるのなら、極端な場合、「これは正しい、なぜなら、私は頭がいいからだ」と言うことによってみんな納得、という路線をとるのと変わらないことになりそうです。

このような観点から、ローティはロックを、「説明」を「正当化」と混同するものとして批判しました。

カント批判

次にカントですが、ローティはカントに対しては、「述語づけ」と「総合」とを混同しているとして、これを批判します。

カントは、『純粋理性批判』（*Kritik der reinen Vernunft* 第一版一七八一年、第二版一七八七年）の中で、私たちが認識を得る過程を、感覚能力（感性）が私たちの心に与えたものを知性が一つに取りまとめること（総合すること）として説明しようとしました。感性に与えられたものを「直観」と呼びますが、この直観に知性が持っている「概念」が適用されて、認識が成立するとしたのです。

こうした総合のメカニズムの考察は、ローティによれば、先ほどのロックの場合と同じで、私たちが知識とみなす一つ一つのものを取り上げてそれを正当化するものではありません。私たちは、知識（認識）を得る際に、なにかに対してあることを「述語づける」こと——例えば、「金」に対して「王水に溶ける」ということを「述語づける」こと——をします。けれども、その述語づけは、直観や概念を多重的に結合する「総合」のプロセスを提示することによって正当化できるものではありません。ローティによれば、カントがしようとしていることは、知識を持つ「原因」（どういうことが心の中で起こってその結果知識が得られるのか）を探ろうとするもので、知識の「根拠」（なぜそれが真なのか）を示すものではありません。この点について、ローティは次のように述べています。

イマヌエル・カント

> カントの説明を「因果的」と呼ぶなどとんでもないと思われるかもしれないが、「超越論的構成」の観念は、デカルト＝ロックの内的空間の機構の観念にまったく寄生しており、カントが「原因」とは言わず「根拠」という言葉を自己欺瞞的に使用していることを理由に、この点を曖昧にすべきではない。（ローティ『哲学と自然の鏡』第二部第三章第三節注三二）

ロックとカントに対するローティの批判の基本線は、以上でご理解いただけたのではないでしょうか。いずれも、個々の認識（知識）の候補となる文（命題）を具体的に正当化するのではなく、認識が得られる場合、どのようなメカニズムが働かなければならないかを説いているにすぎないというのが、ローティの言い分です。

クワイン

すでに見ましたように、ローティは、『哲学と自然の鏡』において、デカルト、ロック、カントによる「認識論」を核とした文化整序の試みの重視を、哲学の「認識論的転回」（epistemological turn エピステモロジカル・ターン）と呼んでいます。「言語論的転回」は、認識論的転回が「心」の中の観念や概念等々と、それらを操作する心の働きを検討したのに対して、言語を対象とする考察によって文化の整序を試みようとするものと見なされます。前章で引用した箇所を、もう一度引用してみます。

現代の言語哲学の第二の源泉は、明らかに認識論的である。この「不純な」言語哲学の源泉は、探究の恒久的、非歴史的な枠組みを認識論の形で提供するというカントの哲学観を維持しようとする試みである。「言語論的転回」は、〔……〕哲学的問いを「論理学」の問いに言い換えることによって、心理主義的でない経験論を生み出す試みとして出発した。（ローティ『哲学と自然の鏡』第二部第六章第一節）

認識論的転回が具合の悪いものであったとすれば、言語論的転回のほうはどうなのかが当然問題になるわけですが、ローティは『哲学と自然の鏡』では特にクワインとセラーズに言及しながら、言語論的転回の問題点を説いていきます。まずはクワインです。

クワインと筆者（1992年、クワインの研究室にて）

W・V・クワイン（Willard Van Orman Quine, 1908–2000）は、アメリカの哲学者で、イリノイ州のオーバリン・カレッジを卒業後、ハーバード大学の大学院に進み、長らくハーバードの教授を務めた人です。このクワインの主張の一つに、分析的真理と総合的真理の違いは程度の違いであるというのがあります。

経験によって知られる真理（総合的真理）と、経験によって知られるのではないが真理とされてきた数学や論理学に属する真理（分析的真理）との間には、久しく決定的な違いがあるとされてきました。クワインは、二〇代半ばにはすでにこの二分法に対して疑問を持っており、その違いは程度の違いであると考えていました。彼は大学院を二年で修了したあと、ハーバードが用意した留学制度で、当時チェコにいたカルナップに会いに行くのですが、そのときの（一九三三年三月三一日付けの）カルナップのメモが残っています。

クワイン、三三・三・三一
彼は私の『構文論』の原稿を少し読んだあとで、次のように言う。一、論理学の公理と経験文との間には原理的な違いがあるのか。彼はないと考える。おそらく私は、ある区別を、まさにその有用性のゆえに求めているのであるが、彼の言うのが正しいようである。つまり、あるのは段階的な違いである。それらは、われわれが固守したいと思っている文なのである。

ここに言われている「論理学の公理」は、分析的真理の典型とされたもので、「経験文」は経験に基づく総合的真理を表す文のことです。クワインは、要するに、分析的真理と総合的真理の違いを、「原理的な」ものではなく「段階的な」もの、つまり程度の違いとしているのです。
第2章でウィーン学団の説明をした際に、「経験科学」と「形式科学」の違いに触れましたよね。そこからもわかるように、分析的真理と総合的真理の原理的差異は、ウィーン学団の当初のプログラムの基本要素の一つでした。ですから、クワインは、カルナップの属したウィーン学団のある見解に対して、早くから批判的だったのです。

それから十数年経った一九五〇年の一二月、クワインはトロントで行われたアメリカ哲学会東部大会で「経験論の二つのドグマ」（"Two Dogmas of Empiricism"）と題された招待講演を行います。この講演はあっという間に大きな話題になりました。

ここに言う「二つのドグマ」とは、一つは、先ほどの、経験によって知られる「総合的真理」（経験的真理）と、経験によらない「分析的真理」（数学や論理学が扱う、経験に関わりなく真であるようなもの）の区別を当然視する考え方で、クワインはさまざまな論拠を挙げて、それが「ドグマ（独断）」であることを示そうとしました。もう一つのドグマは、有意味な文は、最終的には直接経験できるものを表現する文に還元することができるとする考え方です。第2章で挙げました、感覚与件を述べる文、あるいは感覚与件を表現するタイプの「プロトコル文」のことを考えていただければ、ご理解いただけると思います。クワインは、有意味な文はすべてこうした文に基づくとすることもまた「ドグマ（独断）」であると論じます。（一九五〇年と言えば、ローティがまだシカゴの学生だったときのことですよね。因みに、私はまだこの世にいませんでした）。

このクワインの講演には、いわゆる「全体論」的結論が付いています。「分析的真理」と言われるものと「経験的真理」と言われるものは、複雑につながって、私たちの知識の全体を作り上げている。そのどこかが具合が悪いと考えられるときには、全体がより単純に、またこれまで真とみなされてきたものができるだけ真のまま温存できるように全体の考え直しを図り、不都合な場合には分析的真理とみなされるものですら修正される可能性がある。こんな考え方をクワインはその結論部で提示したのです。

分析的真理とみなされるものですら修正の可能性があるという、このことは、分析的真理は特別なもので、必然性、絶対的確実性を持つと考えられてきたことに対する、大きな考え直しでした。数学や論理学が提示する文は、一般に、私たちの経験とは関係なく真であるに決まっていると見られていました。その意味で、それは、「特権的」性格のものと見られていたのです。「経験論の二つのドグマ」に見られるクワインの考えは、分析的真理からこの特権的性格を奪うものでした。

セラーズ

もとより、クワインは、二つ目のドグマ批判に見られるように、経験的知識を表現する文が感覚与件を述べる文に還元できるという考えをも疑問視するのですから、この点でも、従来の論理実証主義的な捉え方を批判する立場にありました。ですが、クワインはそののちも、経験が私たちの知識獲得に対して持つある種の拘束性について考え続け、一九六〇年刊行の『言葉と対象』(*Word and Object* [1960]) 等において、「観察文」について多々議論を行います。その意味で、クワインはまだ感覚的なものへのこだわりを持っているとローティは見ます。

ローティ自身は、感覚的なものは、それ自体では私たちの知識には関わらないと考えます。例えば、なにか赤い色が視野の中に見えているという状態だけでは、それは知識にとって、なんの役割も果たしません。それが「信号機の赤い色」と捉えられたり、「炎色反応としての赤い色」と捉えられたり、「目の手術後にはじめて見えた赤い色」と捉えられたりしてはじめて、私たちの知識のもとになるのです。

この件について明確な発言をした人の一人に、ウィルフリッド・セラーズ（Wilfrid Sellars, 1912–1989）がいます。セラーズはアメリカの哲学者で、ミシガン大学やオックスフォード大学等で教育を受けたあと、アイオワ大学、ミネソタ大学、イェール大学、ピッツバーグ大学で教壇に立ちました。セラーズは、一九五六年の「経験論と心の哲学」（"Empiricism and the Philosophy of Mind"［1956］）の中で、次のように述べています。

> 私が心理的唯名論と呼ぶ一般的タイプの見解〔……〕によれば、種類や類似性や事実などについての認知、要するに抽象的存在者についての認知は――個物についての認知でさえ実はそうなのだが――すべて言語的出来事である。それによれば、言語の使用の獲得過程は、いわゆる直接的経験に属するような種類、類似、事実の認知すら、その要件とはしていないのである。
> （セラーズ「経験論と心の哲学」第六章第二九節）

「個物についての認知」も含めて「認知はすべて言語的出来事である」というのは、つまり、感覚的なもの、感覚与件は、それが言語的に捉えられてはじめて私たちの知識や信念に関わるものとなるということであり、言語的に捉えられていない単なる感覚与件はなんの役割も果たさないということなのです。

観察の理論負荷性

この話は、ローティが『哲学と自然の鏡』の中で名前を挙げているアメリカの科学哲学者、ノーウッド・ラッセル・ハンソン（Norwood Russell Hanson, 1924–1967）の「観察の理論負荷性」の考え方を見ると、わかりやすいかもしれません。

上の図をご覧ください。ウサギに見えたり、アヒルに見えたりしますよね。ウサギがどういうものか知っている人にはウサギに見え、アヒルがどういうものか知っている人にはアヒルに見えます。どちらも知っていると、ウサギに見ることもできるし、アヒルに見ることもできます。

ウサギとアヒル（ミュンヒェンで刊行された週刊誌 *Fliegende Blätter*［フリーゲンデ・ブレッター］、1892年10月23日号より）

ウサギがどういうものか知っているということは、ウサギの「理論」を知っているということで、アヒルがどういうものか知っているということは、アヒルの「理論」を知っているということです。ということは、なにかを見る場合、言い換えればなにかを観察する場合、私たちはすでに持っている「理論」を通して見ているというわけですよね。ハンソンは、この現象を「観察の理論負荷性」(theory-ladenness of observation)と呼びました。

観察がこのような性格のものだとすると、窓の外を見て「天気がいい」ということを確認する場合でも、同じではないでしょうか。「天気」というのはどういうものか。それが「いい」というのはどういうことか。そういうすでに自分が知っていることを通して「天気がいい」かどうかを見るのです。ということは、やはりこの場合でも自分の考えが関わっているのです。そして、自分の考えが言語的に構成されるものである以上、観察は、セラーズの言うように、「言語的な出来事」であるということになります。

特権的知識と認識論

セラーズは、感覚に基づいてなにかを認知するということは、すでにそこに言語が関わっていると考えるわけですから、そうして得られる知識は、言語表現される人間の考えの変化とともに変化する可能性を持つ、つまり、恒久不変の特権的知識ではないということになります。

このように、ローティは、クワインとセラーズの見解を援用することによって、特権的知識の否認へと進みます。そして、その特権的知識の否認は、言語論的転回に基づく認識論的な試みの挫折を意味することになります。

西洋近代の認識論は、科学には持てない「心」に関する特別な知識をもとに、文化の他の一切の主張が妥当かどうかを判定しようとするものでした。言語論的転回は、もともと認識論的転回の一形態だったのですが、分析的真理にせよ、経験的真理にせよ、私たちにはなんら恒久不変の特権的知識はないというのであれば、私たちが特権的知識によって文化の一切を整序する法廷の主宰者になることはありえないのです。

ローティは、このような議論のあと、『哲学と自然の鏡』第二部の続く部分で、現代の同様の方向性を持ついくつかの試みを取り上げ、その批判的検討を進めています。

通常の語りと異常な語り

『哲学と自然の鏡』第三部は、「哲学」と題されています。

すでにローティは、第一部と第二部で、その博識と鋭い論理性を駆使して、認識論とその言語論的「後継学科」を構築しようとする試みを批判したのですが、第三部ではさらに、いわゆる「大陸哲学」をも巻き込んだ議論を展開します。

第三部前半部（第七章）では、トーマス・クーン（Thomas Kuhn, 1922–1996）の科学革命の考え方を援用して、認識論とは

トーマス・クーン

異なる哲学のあり方が示されます。それは、私たちの存在の仕方の質的変化を重視するタイプの哲学です。

まずはクーンですが、彼はハーバードで物理学を専攻し、のちに科学史・科学哲学の専門家になった人です。彼は、一九六二年の『科学革命の構造』（*The Structure of Scientific Revolutions* [1962]）で、興味深い科学史の見方を提示します。彼によれば、ある科学者がある模範的な業績を挙げ、その業績が科学者集団に受け入れられますと、他の科学者たちも、その模範的業績が持っている基本的な考え方を用いて自分たちも研究を進めようとします。クーンは、その模範的業績が持っている基本的な考え方を、「パラダイム」（paradigm）という言葉で表現しました。この言葉は「模範」を意味するギリシャ語の「パラデイグマ」（*παράδειγμα*）に由来しています。あるパラダイムが受け入れられると、科学者集団はそのパラダイムに従って研究を進めます。受け入れられた基本的な考え方が変わらないまま、それに従って進められる科学のこのあり方を、クーンは「通常科学」（normal science）と呼びました。

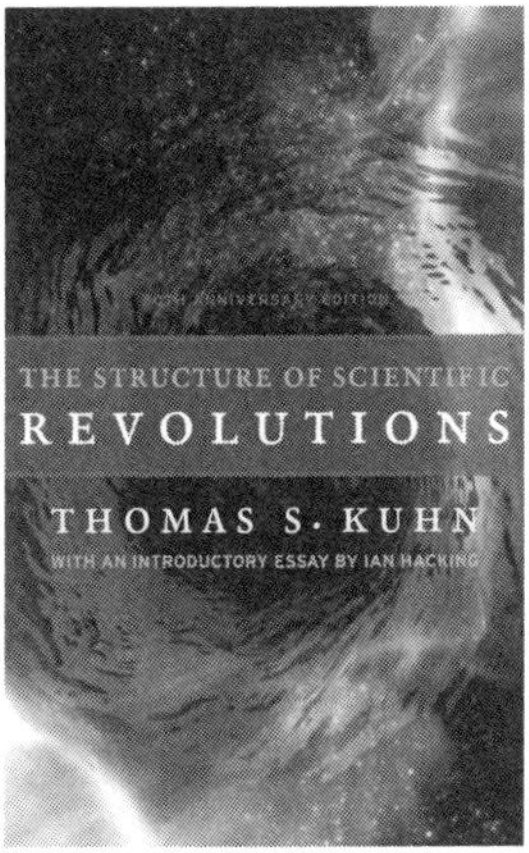

クーン『科学革命の構造』50周年記念版（2012年）

この通常科学の進行の途上で、もとのパラダイムではうまく捉えることのできない難しい問題や事象が現れます。これを「変則事例」（anomaly）と言います。この変則事例によって、もとのパラダイムに依拠した通常科学の研究が進められなくなると、誰かが新たな模範的業績を挙げて、問題を解決しようとします。これが科学者集団によって支持されると、それが持つ基本的な考え方が、新たなパラダイムとして受け入れられることになります。この新たなパラダイムは、もとのパラダイムとは質的に大きく異なります。つまり、ここで考え方の大きな質的転換が図られるわけで、これが「科学革命」（scientific revolution）です。

そこでローティですが、当然視されている考えを前提とした語りをローティはクーンの言葉に合わせて「通常の語り」（normal discourse）と呼び、当然視されている考え方がもはや機能しないような語りを「異常な語り」（abnormal discourse）と呼びます。異常な語りの中では、これまでのあたりまえがあたりまえではなくなって、新たな質的に異なる語りが模索されることになります。

この考え方、極めて魅力的ではありませんか。私たち人間は、ある一定の考えにただ従って生きるしかないというのではなくて、なにか問題に行き当たったとき、質的に異なる考え方を編み出す。それはまさしく「創造的」行為です。ローティはすでに『言語論的転回』の時期から、私たちの考えは質的に変化しつつ今日に至っているという考えを明確に示しており、人間を、ある定まった思考回路の中で、その思考回路をせいぜいよりよく活用するだけ――言い換えれば、枠は決まっていてあとはいかに効率的に動くかが問われるだけ――の機械的な存在などとは、少しも思っていないのです。

それはまさしく、真理は定まっていて、あとは私たちが自分の心の鏡をしっかりと磨き、その定まったものを正確に捉えるよう努めるだけだという人間観――つまり、「自然の鏡」的人間観――への、異議申し立てにほかなりませんでした。

ローティは、人間のこうした創造的なあり方を、彼が久しく関わってきた「大陸の」哲学、ハイデッガーやハンス＝ゲオルク・ガーダマー（**Hans-Georg Gadamer, 1900–2002**）の哲学と重ね合わせます。

人はその都度すでにある仕方で世界を理解しているのですが、その理解の仕方はことあるごとに全体を見直し、整合性を図ろうとして、質的変化を遂げていきます。うまくつながらないものを互いにつなごうとして、それらの間をぐるぐると回る。循環です。事柄の理解（解釈）のための循環なので、「解釈学的循環」（**hermeneutischer Zirkel** ヘルメノイティッシャー・ツィルケル）と言います。これは単に同じ所を回っているのではありません。そこでなにかが質的変化を遂げ、いわば思考が上昇しているのです。

思考の新たな質的変換へと向かう「異常な語り」。ローティはこれを、「解釈学的循環」と重ね合わせます。

「認識論」が、ある特定の特権的とされる考えをもとにあらゆる文化を整えようとするのに対して、解釈学は新たなものの見方へとわれわれを誘います。ローティが『哲学と自然の鏡』第三部の前半部をなす第七章に「認識論から解釈学へ」というタイトルを付しているのはそのためです。

鏡なしの哲学

定まったもの。それは、その時代になんらかの理由で受け入れられたにすぎないものであって、それを永遠不変の真理と見る根拠は示されそうにありません。にもかかわらず、なんらかの定まったものに忠実に従うことを自らの使命とし、鏡として生きることが、人類史の中で久しく求められてきました。この人類史の主流となった考え方に、ローティは断固抵抗しようとします。鏡であろうとすることはもうやめよう。問題を抱えているのなら、新たな見方を開発して、それを乗り越えて生きていこうという、ある意味で、「生きること」に最大限忠実な生き方を、ローティは私たちに求めようとします。まさに「鏡なしの哲学を」というわけです。

ローティは、『哲学と自然の鏡』最終章（第三部第八章）で、「鏡なしの哲学」という表題のもと、「体系的哲学」（systematic philosophy）と「自己形成の哲学」（edifying philosophy）とを対比させ、私たち一人一人が新たな自分へと自らを形成していく、そんな生き方こそ推奨可能な生き方だと主張します。

彼はその書の最後の段落で、次のように述べています。

しかし、何が起ころうと、哲学が「終焉を迎える」恐れはない。宗教は啓蒙時代に終焉を迎えることはなかったし、絵画も印象派において終焉を迎えたりはしなかった。プラトンからニーチェへと至る時代が、ハイデッガーが提案するような仕方で要約され、「距離が取られ」、二〇世紀の哲学が（今のわれわれに一六世紀の哲学がそう見えるように）ぎこちない行ったり来たりの過渡的段階に見えるようになるとしても、移行の先には「哲学」と呼ばれるものがあるであろう。（ローティ『哲学と自然の鏡』第三部第八章第五節）

ローティはかつて「哲学の終焉」を説く哲学者だと言われたことがありましたが、そうではありません。彼は、人間が自らに「認識論」という手枷足枷をかけ、鏡のように、機械のように思考停止しようとするのを、やめさせようとしたのです。

第5章

連帯・語彙・ハイデッガー

客観性か連帯か

『哲学と自然の鏡』以後、ローティはさらに活発に、自身の思想を多様な形で展開するようになります。その一つが、連帯と客観性に関する見解です。

私たちが、自分の人生をより大きな文脈に置くことによってそれに意味を見出そうとするとき、どうするか。それについては、大きく二通りのやり方があるとローティは言います。一つのやり方は、自分が、自らの人生において、ある共同体に貢献したことを語るというやり方です。言い換えれば、自分はこの人たちと共に生きる上でこういう貢献をしたということを物語り、それによって自分の人生に意味があった（意味がある）とするものです。

この場合、その共同体というのは、自分が今属している共同体であるかもしれないし、時間的にも場所的にも遠い共同体であるかもしれないし、また、架空の人物からなる共同体であるかもしれません。しかし、ともかく、ある人々と共に生きる上で自分はなんらかの貢献ができた（できている）、その意味で、自分の人生には意味があった（意味がある）とするのです。自分の人生に対するこうした向き合い方を、ローティは「連帯への願望」（desire for solidarity）と言います。言い換えれば、連帯志向です。

これに対して、もう一つのやり方は、なんらかの人間ならざる実在（ないし真理）と直接関わっていることをもって、自分の人生に意味があるとするものです。この場合、そのようななんらかの実在と自分の人生との関係は直接的で、そこには他の人々は介在しません。こうした姿勢を、ローティは、「客観性への願望」（desire for objectivity）と言います。言い換えれば、客観性志向です。

西洋文化は古代ギリシャから啓蒙時代に至るまでなんらかの定まった真理を求めてきたが、それは、連帯を捨て客観性を求めることによって自分の人生に意味を見出そうとする典型的事例であったとローティは見ます。西洋文化のこの伝統においては、真理を求めるのはそれが人々にとっていいことだからというよりも、真理はそれが真理であるというだけで求めるに値するとされたのです。

古代のギリシャ人がほかのさまざまな共同体と接触し、自分の共同体の見識の絶対性に疑問を持つようになったことに、客観性志向は起因するとローティは推定します。つまり、自分たちの考えの地域性・偏狭性を克服するため、人類全体が目指さなければならない唯一の共通のゴールを、かのプラトンが設定したというのです。ソクラテスが他の人々からないがしろにされ、プラトンがそれを克服しようとして目指したのが、人間が自分の共同体のさまざまな意見に惑わされることなく、物事の定まった本性に直接触れ、直接それを手にすることでした。こうして西洋は、連帯志向ではなく客観性志向を主流とすることになったとローティは考えるのです。

けれど、これまで述べてきたローティの考え方からして、この客観性志向は幻想と言わなければなりません。定まったなにか、物事の定まった本質は、それを言おうとすれば、今の自分（たち）の見解を述べるしかないのです。

しかも、この客観性志向は、人々のさまざまな意見に惑わされることなく実現されなければなりません。したがって、客観性志向を当然視する人々は、他人をないがしろにする傾向が強く見られます。大事なのは、人々の意見ではなく、それとは関係なく定まっているはずのなにかです。人の言うことなど本当はどうでもいいのです。これは、政治的立場の如何によらず、残念ながら、この地球上でしばしば認められる事実です。最後は、人が何人死のうがかまわないということになりかねないのです。

ローティは、この客観性志向優位の現実を、連帯志向に戻すよう訴えます。

民主主義

ローティはなぜ連帯志向を奨めるのでしょうか。人は一人では生きていけないもので、互いの支えが必要なようです。「一人で生きる」と言う人も、結局その発言は「共に生きたい」の裏返しのように見えるところがあります。

けれど、それはそれとして、定まったもの、絶対的なものにすがることができないとしたら、自分の考えを少しでもよくするために必要なのは、異論を唱える人がいてくれることです。耳に痛いことを言う人が存在してくれることです。そういう人々の発言を、もちろん暴力を使ってやめさせることはできます。けれども、それをせず、あえて暴力ではなく言葉で説得するよう努める。これが民主主義の根幹です。圧殺からは憎しみしか生まれませんが、異論のぶつかり合いは思考の新たな飛躍を生み出す可能性を持っています。

この民主主義という制度は、人類のさまざまな試行錯誤の中で、そうでない制度よりもよい面があるから受け入れられてきたもので、ローティによれば、それはあくまで歴史的に形成されたものにすぎません。つまり、その制度が絶対的真理だから受け入れられているのではなく、ほかにもっといい制度を見つけていないから維持されているのです。

ローティは、民主主義のこの歴史的・偶然的性格を、徹底して自覚しています。それは絶対的真理などではなく、放っておいても維持されるようなものではない。だからこそ、それよりもいい制度を今のところ発明していない以上、なにがあってもそれを守るよう努めなければならないのです。

連帯としての科学

こうした考えと連なるものとして、ローティには「連帯としての科学」という考えがあります。西洋では、例えばプラトンのように物事の定まった本性を最後の拠り所としたり、あるいは神の意思を最後の拠り所としたりする考え方があります。近代科学が予測と制御において華々しい成果を上げるようになりますと、それは近代科学が自然（宇宙）の本性を正しく捉えているからだと考える人が増えてきます。聖職者が神の真意を捉え、それを人々に伝えたように、科学者を、自然の本性を捉え、それを人々に伝える疑似聖職者と見ようとする人々が現れます。しかし、ここでもまた、その自然の本性とは何かと尋ねられると、結局はそれについての各自の見解を述べることになりそうです。つまり、自然そのものがどうあるかではなく、自分が自然をどのように捉えるかを、結局人は表明することになるのです。

ローティはこの件について、次のように述べています。

われわれは、自然科学を記述するための新たな手立てを見出さなければならない。だがそれは、自然科学者の正体を暴露したり、彼らを格下げしたりすることを意図するものではない。単に、聖職者として彼らを見るのをやめるだけである。科学とは、人間の心が世界と出会う場所であり、科学者とは、人間を超えた力の前で、適切な謙虚さを示す者のことであるという考えを、われわれは捨てる必要がある。必要なのは、なぜ科学者が道徳的模範なのか、なぜ道徳的模範たるに値するかを説明するための、別の手立てである。（ローティ「連帯としての科学」より）

ローティが求めるのは、科学を、それ自身で定まっているものに直接的に接触していると見るのではない、別の見方です。ローティは、科学を人間の他のさまざまな営みと同様に「合理的」と呼ぶための、「合理的」の別の意味を提案することによって、これに応えようとします。

「合理的」という言葉は、別の意味でも使用することができる。〔その場合、〕それは一群の道徳的徳目を名指す。寛容であること、周りの人々の意見を尊重すること、人の言うことに耳を傾けること、力よりも説得を頼りとすることが、それである。これらの徳目は、ある文明社会が存続すべき場合に、その社会の構成員が身につけていなければならない徳目である。この意味では、「合理的」という言葉は、〔……〕「教養のある」に近い意味を持つ。このように解釈された場合、合理的なものと非合理的なものの区別は、芸術と科学の区別と特に関わるわけではない。この解釈においては、合理的であるということは、なんらかの話題について、教条主義や防衛的態度や義憤に囚われることなく論じることにほかならず、話題が何であるか――宗教であるか文学であるか科学であるか――に関わるものではない。（ローティ「連帯としての科学」より）

「合理的」のこうした意味は、先ほどの民主主義の意味するところと重なり、さらに、そのような意味での「合理的」な科学は、まさしく「連帯」の典型事例にほかなりません。ローティの言うように、「科学は、人間の連帯の範という意味においてのみ、模範」なのです。

自文化中心主義と歴史主義

ローティの連帯の考え方は、さらに、彼が言う「自文化中心主義」と結びついています。この言葉、英語ではethnocentrism（エスノセントリズム）で、「民族」を意味するギリシャ語のἔθνος（エトゥノス）に、「中心」を表す「センター」のもとの言葉（これはラテン語からさらにギリシャ語にまで遡ります）と、「イズム」がつながってできています。ですから、「自民族中心主義」と訳されることもあります。

しかし、ローティの言う「エスノセントリズム」は、そのような民族排外主義のようなものではありません。ですから「自文化中心主義」と訳すことが多いのですが、それでもまだ、自分の文化以外は排除する立場みたいに見えるかもしれませんね。

私たちは、何が真であるか、何が合理的であるかについてなにかを言おうとすれば、さしあたっては、自分が属している共同体においてそうだと思われていることを言うしかない――ローティがこの言葉によって言おうとしているのは、そういうことなのです。

これは、他の共同体に属する人々への語りかけを頑迷に拒否する立場ではありません。とりあえず自分たちが正しいと思っていることから始めるしかないという立場です。

他の個人や文化が信じていることが正しいかどうかを調べるには、それを私たちが信じていることと織り合わせてみなければなりません。調べてみて、他の個人や文化が信じていることのほうがよいと思えたら、それを取り込んで自分のものにする。ということは、なんてことはない、至極あたりまえのことですよね。だけど、そのあたりまえのことがしばしば忘れられて、真理はどこかに定まっているという考え方になるものですから、ローティはあえてこのあたりまえの

「自文化中心主義」にこだわるのです。

このローティ流自文化中心主義は、今自分（たち）が信じているものから始めるしかないということ、歴史の今の時点で自分（たち）が信じていることを起点として、ものを考えるしかないということです。ですから、ローティの視点は、基本的に「歴史主義」、それもウルトラ歴史主義です。私たちは常に歴史のこの今を生きるしかない。そこで私は、強調の意味での「超」を付けて、ときどきこれを「超歴史主義」と呼んでいます。「歴史を超えている」という意味ではありません。

相対主義との誤解

ローティのこの「自文化中心主義」は、しばしば「相対主義」（relativism レラティヴィズム）であるとの非難を受けます。しかし、このような非難を行う人は、自分が特定の文化に属していることの自覚が薄く、また、異なる文化の間の違いがどういうものかを、最初からわかっていると思い込んでいる節があります。ハーバードの名物教授、ヒラリー・パトナムの批判的な言い方を借りれば、「神の目からの眺め」（God's-eye view）を持ったつもりの人が、今自分が信じていることを信じるところから始めるしかないではないかというこの「自文化中心主義」を、相対主義と誤解するのです。自分の視点を神の視点みたいに思い込んでいるなんて、いったい何様のつもりなんでしょう。

どういうことか、説明しましょう。

そういう人たちがなぜ自文化中心主義を相対主義と言うのか。そういう人たちは、まず、さまざまな文化がある、多様な人がいる、考え方が違う、もしかしたら考え方がすごく違うかもしれない。そういうふうに考えてしまうのですね。で、考え方がすごく違っていれば、それを基本にさまざまなものを判断するしかないということになると、何が正しいかはそれぞれの考え方の違いに応じて異なっていていいことになる。つまり、人や文化に相対的に何が正しいかが決まるという「相対主義」を認めることになると考えるわけです。

結局、この人は実際何を考えているか、この文化ではどのようなことが信じられているかを、かなり大規模に具体的に検討することは一切なく、ある事柄について認められる違いを拡大解釈して、人が考えていることやそれぞれの文化において信じられていることは、非常に異なる可能性があるばかりか、実際そうではないかと決めつけてしまうのです。

けれど、その違いがどの程度のものであるかを、一つ一つ実際に調べていくと、かなり多くの共通の事柄を互いに信じていることがわかります。これは木で、これは人で、これは山で、これは川で……。そして、時に、特定のこのことについては考え方が違っているようで、場合によってはその人が言っていることが理解できない。――でも、そういう場合に確認されるのは、その特定のことについて考え方がすごく違うということであって、信じていることがほとんど違うとか全面的に違うとかいうことではないのです。

実は、相手が考えていることが全面的に自分のそれと違っている場合には、相手が何を考えているのかわからないということになるのであって、相手が自分とはまったく違うことを考えていることがわかるということにはならないのです。この点、おわかりいただけると思います。ほとんど違うという場合も同じです。

このように、ローティ流の自文化中心主義を相対主義だと決めつける人は、自文化中心主義では異なることを信じている人々がそれぞれ自分は正しいと言っているだけということになり、真理は人によって異なっていてよいと言っていることになる。だからそれは「なんでもいい」の相対主義だと決めつけるのですが、本当は、人々が異なることを信じていると決めつけるそのこと自体が、論点先取なのです。確認されていないことを確認されたかのように言っているだけなのです。で、実際、異なることを信じているかどうかを調べようとすると、その人の言語の使い方を逐一調べ、何を言っているかを一つ一つ確認するのですが、相手が信じていることが自分が信じていることと違うとわかるためには、それ以外のことについて相手も概ね自分と同じように考えているということがわからなければならないのです。しかも、その作業はあくまで、それを進めている自分自身が信じていることをもとに、進めるしかないものなのです。

語彙の複数性

さて、その私たちが信じていることなのですが、私たちは、さまざまな事柄を、言語を用いて表現します。一群の語彙（vocabulary）を使ってそれを言語表現し、表現された事柄を信じています。ところが、この語彙というのは、昔から今まで、あるいはどの地域においても、ある一定のものが同じように使われてきたかというと、そうではありません。同じ一人の人でも、ある場合にはある語彙を、別の場合には別の語彙を使うことはごく普通のことです。なにかを表現するのに使われる語彙は複数あり、またある語彙が新たに導入され古い語彙が忘れられてしまうということもあります。そして、語彙が違うと、扱っている事柄がずいぶんと違うものになってしまうということが、珍しくないのです。

ローティはこのこと、つまり、複数の語彙があり、どれを使うかによって事柄がずいぶんと違ってくるということを、強調します。

それがどういう意味を持つかは後回しにして、まず複数の語彙があり、どれを使うかによって事柄がずいぶんと違ってくるということを、具体的に説明してみましょう。

プラトンの著作の一つである『パイドン』に、次のような一節があります。紀元前三九九年にアテネで死刑の判決を受けたソクラテスが、老友クリトンから勧められた脱獄を断り、最後の日を迎えて語る言葉です。問題は、牢獄の寝台の上にこうして「坐っている」ことをどう語るかです。少々長い引用になりますが、お許しください。

ところがああ、これほどの期待からも、友よ、わたしはつき放されて、むなしく遠ざからざるを得なかったのだ。この書物を読みすすんでいくにつれ、ヌゥス（知性）をなんら役立てず、もろもろのものごとをひとつに秩序づけるいかなる原因も、それに帰することなく、かえって、気（空気）とかアイテールとか水とかその他にも多くのまさに場外れなもの！　を持出して、それらを原因だとする、そのような男を見つけたときにはねえ。

　これでは、たとえば次のようなことをいう人と、すこしも変らないではないかと、わたしは思った。それはまず、

――ソクラテスは、そのすべての行為を、ヌゥス（知性）によってなしている――〔a〕

といっておきながら、さてわたしのなす個々の行為についてその原因を語ろうとするくだりになると、まず、いまここに坐っていること、の原因について、こう語るとしてみたまえ。

――ソクラテスの身体をつくっているものに、骨と腱がある。骨は、固く、各片は分離されて、関節のところでつながっている。他方、腱は伸縮自在なものであり、それが、肉やまた以上の全部をひとつに保持する皮膚とともに、骨を包んでいる。さて、そこで骨が、それの結合部において自由な動きをなすときに、腱が伸縮して、わたしがいま四肢を曲げるようなことを可能にするのであり、そしてじつにこの原因によって、わたしはいまここに脚をまげて坐っているのである――〔b〕

　さらにまた、いま、君たちと話し合っていることについても、それと似たことを原因として語るのだ。つまり、音声とか空気とか聴覚とか他にもそんなものを無数に持ち出す。そして、

真に『原因』であるものは、これをいわずに放っておくのだ。いやそれは、ほかでもない、――アテナイの人たちが、わたしに有罪の判決を下すほうが、〈よい〉と思ったこと、そしてそれ故に、わたしとしても、ここに坐っているほうが、〈よい〉と判断したこと、そして彼らの命ずる刑罰ならなにであれ、この地に留ってそれを受けることのほうが、〈正しい〉と判断したこと――〔c〕
によるのである。そうたしかに、犬に誓ってもいい！　おもうにわたしが、国（ポリス）の課する刑罰ならなにであれ受けるべきであるということを、逃亡し脱出することよりも、〈正しい〉ことであり、〈うつくしい〉ことであると、もしそう考えなかったとしたら、最善ということの思いなしにみちびかれて、この腱も骨も、もうとっくに、メガラかボイオティアにでもあったことではないか。（プラトン『パイドン』松永雄二訳〔田中美知太郎／藤沢令夫編『プラトン全集』第一巻、岩波書店、一九七五年〕、二八六～二八八ページ〔九八B～九九A〕）

ここでソクラテスは、自分が牢獄の寝台に座っていることの原因を、二つの仕方で語っています。一つは、

ソクラテスの身体をつくっているものに、骨と腱がある。骨は、固く、各片は分離されて、関節のところでつながっている。他方、腱は伸縮自在なものであり、それが、肉やまた以上の全

部をひとつに保持する皮膚とともに、骨を包んでいる。さて、そこで骨が、それの結合部において自由な動きをなすときに、腱が伸縮して、わたしがいま四肢を曲げるようなことを可能にするのであり、そしてじつにこの原因によって、わたしはいまここに脚をまげて坐っているのである

という語り方です。そして、もう一つは、

アテナイの人たちが、わたしに有罪の判決を下すほうが、〈よい〉と思ったこと、そしてそれ故に、わたしとしても、ここに坐っているほうが、〈よい〉と判断したこと、そして彼らの命ずる刑罰ならなにであれ、この地に留ってそれを受けることのほうが、〈正しい〉と判断したことによる

という語り方です。ここでは、ソクラテスが牢獄の寝台に腰を下ろしているという同じ事態の原因が、二つの異なる仕方で語られ、それによって、その事態は、まったく異なる性格のものとして表現されています。こうしたソクラテスの言葉は、「語彙の複数性」という事態を如実に例示しています。同じものが、異なる語彙によって記述されることにより、異なる性格のものとして現れるというのが、ポイントです。

科学の語彙

科学史においては、同じ自然現象が、アリストテレス的語彙によって記述されたりガリレオ的語彙によって記述されたりするという事例を見ることができます。つまり、世界のさまざまな現象が、前者の語彙では、多くの場合、なんらかの「目的」の観点から記述・説明され、後者の語彙では、機械的原因の観点から記述・説明されることになります。こういう目的のためにこうなっている（例えば「この植物は光をよく受けようとして光の射す方向に伸びている」）というのと、こういう原因のためにこういう結果になっている（例えば「この植物は、光が当たらない側が当たる側よりも生長するようになっているので、結果的に光の射す方向に伸びている」）というのとの違いです。

こうした科学の語彙以外にも、さまざまな語彙があります。そうしたさまざまな語彙によって、世界はさらに別様に記述されることになります。

興味深いことに、それぞれの語彙は、それぞれに異なる目的を達成するのに適しているという特徴を持っています。例えば、戦争は、ゲームの語彙によって記述されることによって、敵味方の勢力関係を把握するのが容易になります。けれども、そうした語彙は、兵士の心情を表現するのにはまったく適していません。

科学の語彙の多くは、「予測」と「制御」という目的に役立ちます。その点において、それは別の目的に役立つほかの語彙とは性格を異にしています。つまり、科学の語彙は、仮にそれを特別なもの（特権的なもの）と見るとしても、それは、世界の真の姿を表現しているという意味で特権的であるわけではなく、「予測」や「制御」を可能にするという点で特に優れているということなのです。他の目的にとっては別の語彙が特権性を持ちえます。ローティはこのことを、次のように表現しています。

予測と制御に役立つ語彙――自然科学の語彙――を超えたところに、われわれの道徳的な生き方や政治的な生き方の語彙、それに、芸術の語彙が存在する。すなわち、予測や制御を目指すのではなく、むしろわれわれ人類にふさわしい自己イメージをわれわれに与えるような、そういったあらゆる人間活動の語彙が、そこには存在するのである。（ローティ「語りえない心」より）

言語の成長点としてのメタファー

ローティは、こうした語彙の複数性とその交替とともに、言葉の意味の質的変化を重視します。このことは、主としてメタファーとの関係において説かれます。

メタファーというのは、「……のようだ」と言う喩え方ではなくて、「……だ」とストレートに言う喩え方です。「隠喩」とか「暗喩」とか言われます。「……のようだ」のほうは「直喩」とか

「明喩」とか言われます。「君は輝く星のようだ」ではなくて、「君は輝く星だ」。これがメタファーです。

ローティは、私たちが新たなことを信じる場合に、三つのものがあると考えます。知覚と推論とメタファーです。なにかを見て（あるいは聞いたりして）、新たなことを信じるに至る。これが一つ目です。二つ目は、これまで信じてきたことからすれば、これも信じていいことになると気づくような場合です。「捜し物はテーブルの上か机の引き出しの中のどちらかにある」と信じている人が、「それはテーブルの上にはなかった」と信じるようになると、そこから「それは机の引き出しの中だ」と信じるに至る。こういう場合です。あるいは、これまで三角形の内角の和が二直角であることを知らなかった人が、平行線の性質（「錯角は等しい」とか）を教わり、補助線を引くことの効用を知ったあと、そこから、「三角形の内角の和は二直角である」ということを推論する場合です。

こうした、知覚による場合と推論による場合。これらは、新たなことを信じるには違いありませんが、普通は、それによって言葉の意味が変化するというものではありません。ところが、メタファーは、それによって、言葉の理解そのものが変化するのです。

この件に関してローティはさまざまな機会を捉えて論じるのですが、ローティ自身が気に入っている彼の議論は、次のようなものです。

「たいていのメタファーは偽である」とデイヴィドソンは言うが、たいていのメタファーは一見明らかに偽であるように見える文の形をとる、と言ったほうがいいであろう。だが、あとになってその同じ文が、字義的に真と見なされるようになるかもしれない。デイヴィドソンが言及しているありふれた例を挙げれば、「昔々［……］川と瓶は文字通り口を持つことはなかったが、今ではそれらは文字通り口を持っている」。もっと重要な例を挙げれば、「愛が唯一の掟である」あるいは「地球は太陽の周りを回る」とはじめて誰かが言ったとき、「君はメタファー的な言い方をしているに違いない」というのが一般的な反応だったであろう。しかし、百年後、千年後には、これらの文は字義的真理の候補となる。その間に、われわれの信念はこれらの真理に席を譲るよう織り直された。この過程は、文の中で使われる語の意味を変化させてそれらの文が字義的に真となるようにする過程と、区別がつかない。（ローティ「科学としての哲学・メタファーとしての哲学・政治としての哲学」より）

メタファーには、「男はみんな狼だ」のような、言い古された「死んだ」メタファーがたくさんあります。けれど、それは、最初は、「彼女は複素数だ」のように、人を驚かせるような言葉遣いだったはず。つまり、「生きた」メタファーだったはずです。生きたメタファーは、なじまない言葉をつなぎ合わせることによって、人になんらかの衝撃を与えます。人はそのなじまない言葉の連なりを理解しようとして、新たな見方を創り出します。それは、メタファーを含む文が字義的な文に変わっていく過程です。それは、新たな考えを受け入れるとも言えるし、言葉の意味を変化させるとも言えるものです。こうしてメタファーは、人間が自らを変えていくための重要な役割を担うのです。

ローティに言わせると、このような新たな意味を生成するメタファーは、「言語の成長点」（あるいは生長点）です。成長点って、そう。中学のときに習いましたよね。植物が伸びていくとき、先端近くで次々と細胞分裂を起こす部分ですよね。新たな成長を進めているところです。それに因んで、ローティはメタファーを、「言語の成長点」と呼んでいるのです。

ところで、ローティは右に引用した論文「科学としての哲学・メタファーとしての哲学・政治としての哲学」（"Philosophy as Science, as Metaphor, and as Politics"［1989］）の中で、「メタファーとしての哲学」ないし「詩的」な哲学の典型として、ハイデッガー（後期ハイデッガー）のそれを挙げています。そこで、本章の話を終える前に、ハイデッガーについてお話ししておきましょう。

禁断の木の実

ローティは学生時代にギリシャ語にいそしみ、プラトンを読みニーチェを読みホワイトヘッドで論文を書いたりなど、けっしていわゆる「分析哲学」的教育を受けてきたわけではありません。ところが、自身の論文「分析哲学と会話哲学」（"Analytic and Conversational Philosophy"［2003］）

に見られる分類法の一つからすれば、つまり、「もし『ジャーナル・オヴ・フィロソフィー』や『フィロソフィカル・クウォータリー』や『フィロソフィカル・レビュー』の、書き込みのある抜き刷りがその人の机の上に散らばっているなら、その人は「分析哲学者」と見てさしつかえないであろう」という彼の説明からすれば、確かにローティは分析哲学者です。けれども、「もしその人がヘーゲルやハイデッガーの、著作とか研究書とかをたくさん持っており、デイヴィドソンやロールズの著作は持っていないとしたら、おそらくその人は、大陸哲学者と見られたい、あるいは少なくとも分析哲学者とは見られたくないと、思っているであろう」という彼の説明からしますと、「デイヴィドソンやロールズの著作は持っていないとしたら」という部分を無視すれば、ローティは紛れもなく「大陸哲学者」でもあるのです。

彼はその論文の中で次のように述べています。

しかし、これらの雑誌で行われている議論に参加しながら、例えばハイデッガーの「ケーレ」の動機に関するハーバーマスの説明が妥当かどうかについて、学術的な話のできる哲学教授に出会うこともある。ごくわずかだが、英語圏の人にも英語圏以外の人にも、ロールズからカール・シュミットへ、デリダからヴィトゲンシュタインへ、フーコーからクリスティーン・コースガードへと、苦もなく話を移せる人がいる。しかし、この能力はまだ世界の哲学者のほんの一部に限られている。（ローティ「分析哲学と会話哲学」より）

第三者的に見れば、これはまさしくローティ自身についての記述です。彼はこうしたことをあたりまえのように行う、希有な哲学者でした。

我が国では、一九七九年に『哲学と自然の鏡』が出るまでは、ローティは分析哲学者の一人であると思われていました。彼の経歴の詳細がわかれば、そのような理解が事実を正確に反映したものではないと容易にわかることでしたが、そのことはほとんど知られていませんでした。私事で恐縮ですが、一九八〇年代のはじめ、私自身まだローティの経歴を十分には知らず、彼が右に言及した「大陸哲学」系の哲学者に詳しいことが興味深くて、どうしてなのか尋ねたことがありました。なにしろ、分析哲学の重要文献の一つ、ルードルフ・カルナップの「言語の論理分析による形而上学の克服」(“Überwindung der Metaphysik durch logische Analyse der Sprache”〔1931/1932〕)では、まさにヘーゲルやハイデッガーの見解が、批判されるべき形而上学としてやり玉に挙げられていたのですから。おもしろいことに、ローティの答えは、「禁断の木の実ほど食べてみたくなるものです」というものでした。分析哲学的思考に深く入り込みながら、いわゆる「大陸哲学」にも深い関心を寄せるローティが、その禁断の木の実であったハイデッガーを、あるいは彼の影響を受けたガーダマーをどう読むか。それは私にとって密かな楽しみでした。

ヴィトゲンシュタイン・ハイデッガー・デューイ

マルティン・ハイデッガー(Martin Heidegger, 1889–1976)。彼は、ローティにとっては、デューイ、ヴィトゲンシュタインとともに、自身の思想に深く関わった哲学者の一人でした。この三人に言及したローティの興味深い言葉の一つを『哲学と自然の鏡』から引用しておきましょう。

哲学が「科学的」で「厳密な」ものになればなるほど、それは文化の他の領域との関わりを失い、その伝統的主張はばかげたものに見えるようになった。「基礎づけ」や「批判」を行おうとする分析哲学者や現象学者の試みは、彼らが基礎づけ批判していると称する当の活動の担い手たちには相手にされなかった。哲学は、全体として、イデオロギーや自己イメージを求める人々から無視されることになった。

私たちは、〔二〇世紀の〕三人の最も重要な哲学者——ヴィトゲンシュタインとハイデッガーとデューイ——の仕事を、こうした背景のもとに見なければならない。この三人は、いずれも初期には、哲学を「基礎的なもの」にする新たな方途——思考の究極の文脈を定式化する新たな方途——を見出そうとした。ヴィトゲンシュタインは心理主義とは関わりのない新たな表象理論を構築しようとし、ハイデッガーは科学や認識論やデカルト的な確実性の追求とは関わりのない新たな一組の哲学的カテゴリーを構築しようとし、デューイはヘーゲルの歴史観を自然主義化したものを構築しようとした。三人はいずれも、彼らの〔こうした〕初期の努力を自己欺瞞と見、ある哲学観を肉付けするのに必要であった考え方(一七世紀の知識と心についての考え方）が捨てられたあともその哲学観を維持しようとする試みとして、それを見るようになった。三人はいずれも、のちの仕事においては、哲学を基礎的なものと見るカント的哲学観を振り払い、自分がかつて屈したことのある当の誘惑に気をつけるよう警告するのに時間を費した。このように、彼らの後期の仕事は、建設的というよりも治療的であり、体系的というよりも自己形成的であり、読者に新たな哲学的プログラムを提供するというよりも、哲学するに至った読者自身の動機に疑問を抱かせようとするものである。（ローティ『哲学と自然の鏡』序論より）

このように、ローティは、ヴィトゲンシュタインもハイデッガーもデューイも、もともと哲学を他の文化領域のすべてに基礎を与えるものと考えていたが、「のちの仕事においては」そういう哲学観を捨てるよう警告したと見ています。そういうわけで、ここではハイデッガーの「のちの仕事」を見ておくことにします。その前に、ハイデッガー自身と『存在と時間』について、少しだけお話ししておきます。

ハイデッガー

ハイデッガーは、バーデン大公国の小さな町、メスキルヒ（Meßkirch）に、一八八九年に生まれました（ヴィトゲンシュタインとヒットラーも、同年の生まれです）。バーデン大公国は、のちにドイツのバーデン州となり、ヴュルテンベルク州と合併ののちは、ドイツ南西部のバーデン・ヴュルテンベルク州となっています。

父はカトリック教会の寺男で、樽職人でもありました。父の樽職人としての仕事は、ハイデッガーが道具について語るときの、原体験を形作っているかもしれません。

高等小学校を卒業し、聖職者になるべく奨学金を得てギムナジウムに編入、卒業後イエズス会の修道士になろうとしますが、心臓の病気のため果たせず、一九〇九年、フライブルク大学神学部に進み、カトリック神学を学びます。

ギムナジウム時代にフランツ・ブレンターノ（Franz Brentano, 1838-1917）の学位論文である『アリストテレスによる存在者の多様な意味について』（*Von der mannigfachen Bedeutung des Seienden nach Aristoteles*〔1862〕）を読んで「存在の問い」に関心を持つようになり、フライブルク大学に入ってからフッサールを読み始めます。ブレンターノは、数学者フッサールに影響を与えて哲学に転じさせたウィーン大学の哲学者で、フッサールはのちにハイデッガーの師の一人となりました。

いくつかの経緯を経てハイデッガーはそれまで彼を支えてくれたカトリック界と決別、フライブルク大学に移ってきたフッサールの指導を受け、第一次世界大戦に従軍したのち、一九一九年にフッサールの助手となります。一九二三年にはマールブルク大学の員外教授となり、一九二七年に『存在と時間』（*Sein und Zeit*〔1927〕）を出版するに至ります。

『存在と時間』

ハイデッガーは『存在と時間』において「存在」（あるということ）を明らかにしようとします。「ある」ということ、これを明らかにするためにハイデッガーが選んだのは、その「ある」ということをそれなりに理解している私たち自身を主題にすることでした。あるということについて問いを立てるということは、すでに私たちがなんらかの仕方で「ある」ということを理解していることに基づいています。その私たちの「ある」の理解の仕方、これを「ある」ということの意味、「存在の意味」と言い、その存在の意味への問いに対する答えを時間に求めるという方向に、話は進んでいきます。

すでにそれなりに存在を理解している存在するもの、あるということをそれなりに理解しているあるもの、つまり私たちのことを、ハイデッガーは「現存在」（Dasein ダーザイン）と呼びます。存在を学的に解明するのが「存在論」だとしますと、この現存在の存在理解は存在論以前のものです。この存在論以前の現存在の存在理解から始めて存在の意味を解明しようとする。これをハイデッガーは『存在と時間』で試みます。

私たちは、それぞれがそれぞれに、自身のあり方（存在の仕方）に関心を持っていますよね。今までどうだった（どうあった）とか、これからどうしよう（どうあろう）とか。こうして私たちは、自分のこれまでのあり方に関心を持ちつつ、これからどうあろうとするのか——その可能性

――に関わろうとする、あるものなのです。このように、私たちは自らのあり方に関心を持ってそれに関わっているのですが、このとき当然ながら、自身の存在だけでなく、他のさまざまな事物のあり方とも関わっています。このように、私たち現存在は、存在（ある）に常にすでに関わっているのです。

今、「これからどうあろうとするのか――その可能性――に関わろうとする」と言いました。自分のこれからのあり方に関わる。それは、自分のこれからの可能性を前に投げかけるということです。前に、投げかける。ラテン語では「前に」は **pro**（プロー）、「投げ（かけ）る」は **jaceo**（ヤケオー）、これからできた言葉（名詞）が、英語化すると、**project**（プロジェクト）、ハイデッガーの使っているドイツ語ですと **Entwurf**（エントヴルフ）、「企投」です。私たちは一人一人、このように存在をそれなりの仕方で理解しつつ、自分のあり方（存在の仕方）を「企投」する存在なのです。

こうした私たちのあり方そのもの、これを「実存」と言います。ハイデッガーが存在の意味を明らかにしようとするとき、まずもって私たち自身のこの実存というあり方の解明が試みられます。存在を明らかにする存在論の構築に向けての試みとして、まずは現存在の存在理解とその存在構造の解明を試みるわけです。ハイデッガーはこの営みを「基礎的存在論」（**Fundamentalontologie** フンダメンタールオントロギー）と呼びます。これは、言い換えれば、「現存在分析論」であり、ここにおいて現存在の「実存論的分析」が進められます。

ハイデッガー『存在と時間』

この大枠からしますと、「存在」を明らかにする存在論の基礎を「基礎的存在論」が与え、その意味で基礎的存在論は存在論一般の「基礎づけ」をなすものだ、ということになりそうです。あ、先ほどローティが言っていましたよね。ヴィトゲンシュタインもハイデッガーもデューイも、「初期には、哲学を「基礎的なもの」にする新たな方途〔……〕を見出そうとした」と。それなんですね。

ケーレ

ハイデッガーはこのような分析の結果を、『存在と時間』の前半部として公にしますが、もともとの構想では、『存在と時間』は次のようになるはずでした。

第一部　現存在を時間性へと解釈し、時間を存在への問いの超越論的地平として解明すること
第一篇　現存在の準備的基礎分析
第二篇　現存在と時間性
第三篇　時間と存在

第二部　時性の問題構制を手引きとした存在論の歴史の現象学的解体の概要
第一篇　時性の問題構制の前段階としてのカントの図式論と時間論
第二篇　デカルトの「私は考える、私はある」の存在論的基礎と、「考えるもの」の問題構制への中世の存在論の継承
第三篇　古代の存在論の現象的基盤と諸限界の判別規準としてのアリストテレスの時間論
（ハイデッガー『存在と時間』序論第二章第八節）

ハイデッガーが公にしたのは、このうち、第一部第二篇までで、第一部第三篇「時間と存在」以下は、結局出版されませんでした。

ハイデッガーは『存在と時間』（前半部）の出版後、一九二八年に退職したフッサールの後任として、フライブルク大学の教授に就任します。また、一九三三年四月にはフライブルク大学総長に選出されます。同年五月、彼はナチ党員になり、友人の密告などナチス側での積極的活動を行い、学内の混乱を収拾できなかったため翌一九三四年四月に総長を辞任します。戦後、一九四六年に大学における講義の停止命令が出されますが、のちにフライブルク大学名誉教授となっています。

一九二七年の『存在と時間』以後、ハイデッガーの考えはある顕著な変化を示します。この変

化を、ドイツ語では**Kehre**（ケーレ）、日本語では一般に「転回」とか「ケーレ」とか言います。「ケーレ」は、『存在と時間』の刊行以降一九三〇年代半ばにかけて起き、存在（ある）の意味を問うというハイデッガーの問いの方向を大きく変えることになったと見られています。

先に述べましたように、ハイデッガーは、西洋の形而上学が果たしていない存在（ある）の意味の解明を自らの課題としていました。そして、その課題を遂行するため、現存在の実存の構造を明らかにし、現存在の存在一般の理解を可能にするものを明らかにする「現存在の実存論的分析」を進めようとしました。この現存在の実存論的分析が、「基礎的存在論」として、存在（ある）そのものを明らかにする存在論の基盤となるはずでした。しかし、ハイデッガーは、こうした自身の営みがいまだ形而上学的思考を脱却しておらず、超越論的哲学の伝統の拘束のうちにあることから、形而上学とは異なる営みとして存在を問う必要があると考えるようになります。これがケーレです。存在は現存在のあり方のみからではなく、隠れた存在が自らを明るみにもたらすその場に立とうとすることによって、これを思索しこれを受け取らなければならないとされます。存在と、存在を忘却した形而上学は、「存在の歴史」における存在の開示との関係において、その捉え直しが試みられます。

数学的なもの

さて、ローティによれば、フッサールの現象学と実証主義的分析哲学（例えばカルナップのそれ）は、ある種の絶対的知識を求める傾向がありました。確かに、もともとフッサールは『論理学研究』（一九〇〇年／一九〇一年、とりわけその第一巻「プロレゴーメナ」）や『厳密な学としての哲学』（一九一一年）に見られるように、事実の持つ偶然性に左右されない学問的厳密性を強く求めるとともに、『イデーンI』（一九一三年）に明らかなように、非歴史的本質直観を当然視する見解を持っていました。論理、言葉の意味、事柄の本質と言われるものは、恒常不変のものでなければならないというのです。個々の事実確認は、そうでない可能性はあるが調べてみればこうだとわかるという意味で、「偶然性」を持つと伝統的に考えられてきました。これに対して、フッサールは、事実が持つそうした偶然性には一切関わらないものがあるという考えを、基本的な学問観として持っていました。ですから、彼は、個々の対象領域の実験や観察に基づく研究に先立って、対象の本質を捉える哲学的基礎学が成立しなければならないと考えていたのです。

同様に、カルナップは、論理学の中立性と、私たちの感覚的経験が持つある種の絶対性（例えばそう見えることについてはそう見えるのだから否定のしようがないということ）とを少なくとも一九三〇年代のはじめ頃まで信じており、（論理学や数学といった形式科学は別として）あらゆる正当な学問的営みの結果が最終的にそうした感覚的経験に基づいていることを、中立的な論理学の手法を用いて示すことができると考えていました。そして、（形式科学の場合は別として、）それが示せない文は、文の見かけはしていても本当の文ではないと考えたのでした。

私たちがどう考えようとも、それとは関わりなく成り立っているものがあり、私たちはそれを捉えるよう努めなければならないという、フッサールとカルナップに共通するこの見方を、ローティは次のように表現しています。

あらゆるものの相互のつながりを見ることのできる視点にまで昇りつめたいという伝統的なプラトン的希望を、フッサールとカルナップは共有していた。どちらにとっても、哲学の目的は、文化のあらゆる領域をその中に位置づけることのできる形式的図式を明らかにすることである。どちらもヒラリー・パトナムの言う「神の目からの眺め」の哲学者である。可能性の領野を神のように把握しようとするそうした試み、起こりうるすべての現実の出来事に対してそれを区分けするための整理棚をあらかじめ用意しておこうとする試みを、ハイデッガーは「数学的なもの」〔das Mathematische〕と呼ぶ。彼は、〔その言葉のもととなったギリシャ語の〕「タ・マテーマタ」(ta mathēmata)を、「もろもろの物「において」われわれが本来すでに知っているもの」と定義する。数学的なもの、形式的な非歴史的図式の探求は、ハイデッガーの見るところでは、フッサールの現象学とカルナップの実証主義と客観主義的伝統とをつなぐ、隠れたリンクであった。(ローティ「科学としての哲学・メタファーとしての哲学・政治としての哲学」より)

この引用箇所に出てくるハイデッガーの言葉は、ハイデッガーの一九三五年から一九三六年にかけての冬学期の講義、『物への問い』(*Die Frage nach dem Ding* [1935/1936]) に出てきます。彼の言葉をもう少し長く引用しますと、次のとおりです。

マテーマタ、数学的なもの（die μαθήματα, das Mathematische）、それは、もろもろの物「において」われわれが本来すでに知っているものであり、したがって〔それは〕われわれがはじめて物から取ってくるのではなく、ある仕方ですでに持ち合わせてすらいるものである。（ハイデッガー『物への問い』より）

語源の話を少ししておきますね。右のローティからの引用の中に「タ・マテーマタ（ta mathēmata）」と音訳表記されているギリシャ語は、μάθημα（マテーマ）という名詞の複数形であるμαθήματα（マテーマタ）に、冠詞τά（タ）が付されたものです（τὰ μαθήματα）。マテーマは、「学ぶ」を意味する動詞μανθάνω（マンタノー）の名詞形で、「学ばれるもの、知識、学問」を意味し、多くの場合複数形（マテーマタ）で使用されます。また、「マテーマ」の形容詞は男性名詞に付く場合を挙げるとμαθηματικός（マテーマティコス）で、その中性複数形に冠詞がついたものすなわちτὰ μαθηματικά（タ・マテーマティカ）は、「マテーマ的なもののすべて」を意味します。英語のmathematics（マセマティックス）は、形容詞「マテーマティコス」（ローマナイズするとmathematicos）由来のmathematicにsを付したもので、単数名詞として扱います。

もともと「学ばれるもの、知識、学問」を意味する言葉が特に数や量や図形に関する学問（いわゆる「数学」）という意味で用いられることについては、古代ギリシャ以来の長い歴史がありますが、いずれにしても、ローティの論文「科学としての哲学・メタファーとしての哲学・政治としての哲学」では、「数学」という言葉は、「もろもろの物「において」われわれが本来すでに知っているもの」というハイデッガーの「マテーマタ」理解に基づいて使用されています。

ローティは、この「われわれが本来すでに知っているもの」を「起こりうるすべての現実の出来事〔……〕を区分けするための整理棚」と言い換え、ハイデッガーはフッサールの現象学とカルナップの実証主義を、こうした整理棚を求める試みと見た、と言うのです。

神の目からの眺め

ところで、前に（「相対主義との誤解」のところで）「神の目からの眺め」ということを言いましたが、この同じ言葉が前節のローティからの引用にも出てきました。アメリカの哲学者ヒラリー・パトナム（Hilary Putnam, 1926–2016）の言葉です。一人の人間としての見方を提示するというのではなく、歴史を超えた、「文化のあらゆる領域をその中に位置づけることのできる形式的図式を明らかにする」というわけですから、これはパトナムが一九七〇年代に使い始めた言葉を使えば「神の目からの眺め」を求めるということになります。

パトナムは、ローティとしばしば対立しましたが、わたくし的にはとてもおもしろい哲学者です（私事で恐縮ですが、若い頃パトナムに手紙を書いて、「あなたの見解はローティの立場に近いところがいくつもあるのに、どうして対立することになるのですか」と尋ねましたら、「ローティに「立場」などない」と言い、それを示すため、ご自身の論文を送ってくださったことがありました）。ローティは、前節の引用箇所で、ハイデッガーの「数学的なもの」という表現を用いて指摘しようとしたことを、先にそのパトナムの言葉を用いて表現しているのです。

ことのついでに、パトナムが「神の目からの眺め」という言葉を使用する文脈を、ここで見ておきましょう。次のようになっています。

社会科学が物理科学に似たものになりたいと望むことは現実にはできないという事実を、われわれは遺憾に思うべきであろうか。これを問うのは、われわれは物理学者が調和振動子を理解するようには自分自身や互いを理解することができない（し——確かに非常に異なることだが——神がわれわれをどのように見るかを理解することもできない）という事実をわれわれは遺憾に思うべきであろうかと問うのと同じである。もしわれわれが自分自身や互いについて、コンピュータの目からの眺めも神の目からの眺め（God's-eye view）も持つことができない運命にあるとしたら、それはそれほど恐ろしい運命なのか。われわれは男であり女である。そして、幸せなことに、男と女のままだろう。なにはさておき、われわれ自身とわれわれの自己知について人間的な眺め〔humane view 人間的な見解〕を持つことにより、自分たちの人間性を維持するよう努めようではないか。（パトナム『意味と精神科学』〔*Meaning and the Moral Sciences*〕一九七八

年、第六講義より）

思索と詩作

さて、ローティは、プラグマティズムとハイデッガー哲学は、フッサールやカルナップに見られる科学主義的哲学観に対する異議申し立てであると捉えた上で、その二つの異議申し立ての違いを明らかにしようと試みます。その際、ローティは、ハイデッガーの見解を「詩的」なものとし、次のように言います。

ハイデッガーは、科学者に背を向け、詩人を頼りとする。哲学的思索者だけが、詩人と同じ水準にある。偉大な思索者の業績は、偉大な詩人の業績と同じように、数理物理学や政治的手腕とはほとんど関係がない。（ローティ「科学としての哲学・メタファーとしての哲学・政治としての哲学」より）

ここに言う「ハイデッガー」は、「ケーレ」以降のハイデッガーです。

ハイデッガーは、早くから詩に関心を持っていました。彼は、一九三〇年代にドイツの詩人フリードリッヒ・ヘルダーリン（Johann Christian Friedrich Hölderlin, 1770-1843）の詩の考察を精力的に進め、一九三四年から一九三五年にかけての冬学期に「ヘルダーリンの讃歌「ゲルマーニエン」と「ライン」」と題した講義を行い、以後も積極的に詩に関する考察を続けました。ハイデッガーはそうした中で、「詩作」（Dichten ディヒテン）と「思索」（Denken デンケン）との密接な関わりを繰り返し説くことになります。

「詩作」もしくは「詩人」（詩作者 Dichter ディヒター）について、ハイデッガーは例えば一九三六年の「ヘルダーリンと詩作の本質」（"Hölderlin und das Wesen der Dichtung"〔1936〕）において、次のように語っています。

詩人〔詩作者〕は神々を命名し、すべての物をそれらの本質において命名する。この命名は、その前にすでに知られているものがただある名前によって理解されることにあるのではなく、詩人は本質的な言葉を語るがゆえに、存在者〔あるもの〕はこの命名によってはじめて、その本質を担うものへと任命される。このようにして存在者は存在者として知られるようになる。詩作とは、存在〔ある〕を言葉によって作り出すことである。（ハイデッガー「ヘルダーリンと詩作の本質」第四節）

また、同じ論文の少しあとの箇所で、彼は次のようにも言っています。

詩作の活動領域は言語である。したがって、詩作の本質は言語の本質から捉えられなければならない。しかし、それゆえ次のことが判明となった。すなわち、詩作とは、あらゆる物の存在と本質とを命名しつつ作り出すことである――任意の語りではなく、われわれが日常の言語で協議したり交渉したりしていることがそれによってすべてはじめて明るみにもたらされるようなあの語りである。したがって、詩作は言語をけっしてすでにある材料と見ることはなく、詩作そのものがはじめて言語を可能にする。詩作は歴史のうちにある民族の原言語である。したがって、逆に言語の本質は詩作の本質から理解されなければならない。(ハイデッガー「ヘルダーリンと詩作の本質」第五節)

このように、詩作とは、命名によって存在を作り出し、またそれによって言語をはじめて可能にするものなのです。また、「歴史のうちにある民族の原言語」という言い方が示唆するように、詩作によって「すべてのもの」をそのものたらしめるということは、「作り出すこと」、作り出される「存在」、それによって可能となる「言語」が、歴史的性格を持つことを示唆しています。ハイデッガーにおいて、存在が歴史を持ち、存在の歴史の第一の始まりとともに、そのもう一つの始まりが語られるのも、この連関によるのです。

このような極めて重要な使命を持つ詩作が、ハイデッガーにおいて、思索と重ね合わせられます。このことは、例えば、一九三六年から一九三八年にかけて書かれた『哲学への寄与』(*Beiträge zur Philosophie*〔1936–1938〕)の次の言葉が示しています。

存在を探求する者は、探求者としての力を極めて特徴的な仕方で過剰に持っているという点において、存在を「作り出す」詩人である。（ハイデッガー『哲学への寄与』第四節）

このように、詩人は存在を作り出すということがここでも言われるのですが、ここで詩人と同一視されている「存在を探求する者」は、思索者（Denker デンカー）にほかなりません。つまり、ハイデッガーによれば、思索者もまたある意味で詩人にほかならないのです。

思索者と詩作者（詩人）のこの近さないし等根源性は、一九四六年の「「ヒューマニズム」についての書簡」（"Brief über den 》Humanismus《" [1946]）において、別の仕方で表明されています。

ハイデッガー『哲学への寄与』（ハイデッガー全集第65巻、1989年）

思索は存在と人間の本質との関係を成就する。思索がこの関係をもたらし実現するのではない。思索は、存在によってそれ自身に委ねられているものとしてのみ、この関係を存在に捧げる。存在に捧げるというこのことは、思索において存在が言語に至るということにある。言語は存在の家である。言語の住まいのうちに人間は住む。思索する人々と詩作する人々は、この住まいの番人である。彼らの見張りは、彼らが自分たちの語りによって存在の啓示性を言語へともたらし言語のうちに保つ限りにおいて、存在の啓示性の成就である。（ハイデッガー「『ヒューマニズム』についての書簡」第一段落）

こうした思索者と詩人、思索と詩作の等根源性を、ハイデッガーはずっとのちになっても、例えば次のような詩の形で表明し続けています。（「思ひ」［*Gedachtes*］と題されたこの詩は、一九七一年に公刊されたものです。）

詩歌と思索との二重襞は／唯一の樹幹から芽吹く、すなわち／世運の闇から突如として閃く合図を／感謝して受け取ることから（辻村公一訳、辻村公一「ハイデッガーの『思ひ』について――旧友ハルトムート・ブフナー君に贈る」、『京都大學文學部研究紀要』一九八一年、第二〇号、六六ページ）

しかし、右の詩の中の「二重襞」という言葉が示唆していますように、ハイデッガーは思索と詩作の等根源性と同時に、それらの差異を強調します。一九四三年の「『形而上学とは何か』へのあとがき」（"**Nachwort zu »Was ist Metaphysik?«**"［1943］）において、彼は次のように述べています。

存在の声に忠実な思索は、存在の真理がそこから言語へともたらされる言葉を存在のために探し求める。はじめ歴史のうちにある人間の言語がその言葉から生まれ出るとき、言語はまっすぐである。しかし、言語がまっすぐであれば、隠れた源からの無音の声が確たる支えとなって、

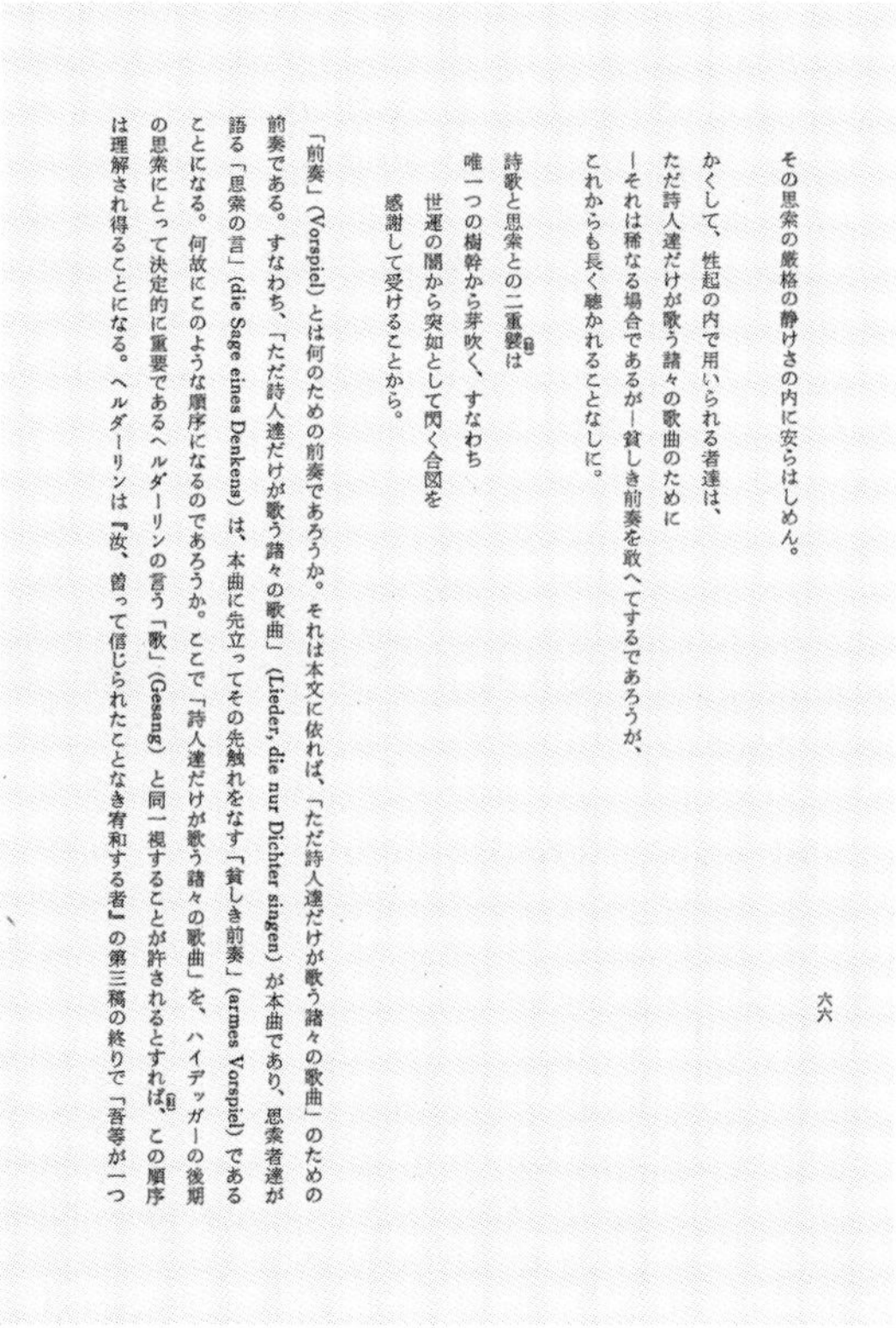
六六

その思索の厳格の静けさの内に安らはしめん。

かくして、性起の内で用いられる者達は、
ただ詩人達だけが歌う諸々の歌曲のために
—それは稀なる場合であるが—貧しき前奏を敢へてするであろうが、
これからも長く聴かれることなしに。

詩歌と思索との二重襞は
唯一つの樹幹から芽吹く、すなわち
世運の闇から突如として閃く合図を
感謝して受けることから。

「前奏」(Vorspiel) とは何のための前奏であろうか。それは本文に依れば、「ただ詩人達だけが歌う諸々の歌曲」のための前奏である。すなわち、「ただ詩人達だけが歌う諸々の歌曲」(Lieder, die nur Dichter singen) が本曲であり、思索者達が語る「思索の言」(die Sage eines Denkens) は、本曲に先立ってその先触れをなす「貧しき前奏」(armes Vorspiel) であることになる。何故にこのような順序になるのであろうか。ここで「詩人達だけが歌う諸々の歌曲」を、ハイデッガーの後期の思索にとって決定的に重要であるヘルダーリンの言う「歌」(Gesang) と同一視することが許されるとすれば、この順序は理解され得ることになる。ヘルダーリンは『汝、曾って信じられたことなき宥和する者』の第三稿の終りで「吾等が一つ

辻村公一「ハイデッガーの『思ひ』について——旧友ハルトムート・ブフナー君に贈る」、『京都大學文學部研究紀要』1981年、第20号、66ページ

それが言語に合図する。存在の思索はその言葉の番をし、極めて慎重にその使命を果たす。それは言語使用への気遣いである。長く番をされてきた言語の欠如と、そのうちで明るみにもたらされた領域の入念な解明から、思索者の語りが生まれる。詩人の命名は、これと起源を同じくしている。けれども、その同じということは、異なったものとしての同じということでしかなく、にもかかわらず詩作と思索は言葉の慎重さにおいてはこの上なく同じであるから、両者は同時にその本質において最も隔たっている。（ハイデッガー「『形而上学とは何か』へのあとがき」より。傍点は冨田）

では、その隔たりはどこにあるのでしょうか。彼は続けて次のように言っています。「思索者は存在を語る。詩人は聖なるものを命名する」と。

ハイデッガーは、それに先立つ一九四一年から四二年にかけての草稿群の中に、「詩人と思索者の将来の存在史的な本質的現れ」（"Das künftige seynsgeschichtliche Wesen des Dichters und des Denkers"）と題された草稿を残しています。これをはじめとして、彼は、さまざまな形で、思索と詩作、もしくは思索者と詩作者の違いを記しています。両者の等根源性とともに、その違いが、ハイデッガーの動的思索の全体の中でどのように捉えられるべきかについては、今後のさらなる検討がまたれるところです。

詩と政治

このように、後期ハイデッガーは、哲学と詩作とを重ね合わせる視点を持っていたのですが、ローティによれば、ハイデッガーはローティのような立場の哲学者とはある点で明確に隔たっています。ローティは、論文「科学としての哲学・メタファーとしての哲学・政治としての哲学」の中で、自らを「プラグマティスト」と同一視した上で、次のように述べています。

偉大な思索者たちは最も個性的であるというハイデッガーの論点を、プラグマティストは認めるであろう。偉大な思索者たちとは、ヘーゲルやヴィトゲンシュタインのような人々のことであり、彼らのメタファーは、稲妻のように突然現れては新たな道を切り開く。しかし、新たに提案されたこれらの思索の道を研究する仕事は平凡で、二流の専門家にでも任せておけばよいとハイデッガーが考えるのに対して、そうした研究はその哲学者の仕事から得た自分たちの成果だとプラグマティストは考える。プラグマティストは思索者を共同体に奉仕するものと見、思索者の思索は共同体の信念の網目の編み直しがあとに続かなければ無益であると考える。その編み直しの過程において、思索者が提供した新たなメタファーは次第に字義化され理解されていくであろう。（ローティ「科学としての哲学・メタファーとしての哲学・政治としての哲学」より）

また、次のようにも述べています。

プラグマティストは、ハイデッガー同様、科学主義を拒絶するので、ある新たなメタファー、ある新たな哲学的な考えが、探究の恒久的な中立的基盤——一度発見されたら、あとは単に計画的共同作業によって満たせばいいだけの基盤——を発見するかもしれないという科学主義的な考えを拒絶する。共同体の信念の織物の織り直しは、計画的になされるようなものではない。〔……〕それは、具体的要請に応えることであり、それ以外のなにものでもない。しかし、この場合の具体的要請への対応、すなわち、われわれが社会的に共有している信念と願望の網目の中へと新たなメタファーを編み込む仕事によって、文化を時代遅れの語彙から解放することを、ハイデッガーが陳腐化の過程と見るのに対して、プラグマティストはそれを偉大な哲学者に納めるのにふさわしい唯一の貢ぎ物と見る。偉大な哲学者の仕事をこのように利用することがなければ、偉大な哲学者は演じるべきいかなる社会的役割も、いかなる政治的機能も持たないであろう。詩人と思索者（いずれもハイデッガーの特殊な「エリート主義的」意味における）は、公認されてはいないものの、社会の立法者であるということに、プラグマティストもハイデッガーも同意することができる。しかし、社会は詩人と思索者のために存在しているとハイデッガーが見るのに対して、プラグマティストはそれを逆に考える。（ローティ「科学としての哲

学・メタファーとしての哲学・政治としての哲学」より）

つまり、ローティもハイデッガーも、メタファーによって「新たな道を切り開く」ことの重要性を認めるものの、ローティはそれを社会に生かすべきだと考えているのに対して、ハイデッガーはそれを「陳腐化の過程」としか見ないと、ローティは考えるのです。

ローティによれば、ハイデッガーにとって社会の他の人々に自らの哲学が生かされるかどうかはどうでもよかったのですが、ローティ自身は「社会は詩人と思索者のために存在している」のではないと言うわけですね。ローティのこの社会感覚は、私がローティ好きな理由の一つですが、それはともかく、ローティはまたこのことを、デューイとの比較において、「ハイデッガーは偶然ナチ党員になったにすぎないが、デューイは本質的に社会民主主義者であった」という言い方で表現しています。「偶然ナチ党員になった」。これはつまり、ハイデッガーにとって本当は社会などどうでもよかったということなのです。

ローティは、ハイデッガーの重要性を繰り返し認めながら、政治に対する彼の姿勢については極めて厳しい対応をしています。それが最もよくわかるのは、論文「科学としての哲学・メタファーとしての哲学・政治としての哲学」に付された注の、次の言葉です。

ハイデッガーは民主主義と、ヴェーバーの言う「脱魔術化された」世界に対して、早くから疑念を持っていたと私は思う。彼の考えは、確かに、本質的に反民主主義的であった。しかし、民主主義と近代に疑念を持ちながらナチ党員にならなかったドイツ人はたくさんいる。ハイデッガーがナチ党員になったのは、同じ疑念を共有していたドイツの知識人の中で、彼が際立って、冷酷な日和見主義者〔御都合主義者〕で、しかも政治に関して無知だったからである。ハイデッガーの哲学が特に全体主義的な含みを持つとは私には思えないが、彼の哲学は、飢えた人々に食べ物を与えたり労働時間を短縮したりするなどの試みは哲学とはあまり関係がないと、決めてかかっている。ハイデッガーにとって、キリスト教はプラトン的形而上学のある頽廃的形態にすぎず、異教徒の道徳意識からキリスト教の道徳意識への変化は見過ごされてしまう。ティリッヒ（社会民主主義的思想家であったにもかかわらず、ハイデッガーの考えや特殊な言い回しをふんだんに使うことができた）にとって最も重要であったキリスト教の「社会的福音」の面は、ハイデッガーにとっては少しも重要ではなかった。（ローティ「科学としての哲学・メタファーとしての哲学・政治としての哲学」注二七）

ハイデッガーについては以上です。

本章でお話ししたことをさらに敷衍するため、章を改めて、今度はローティの持つ「ロマン主義的感性」について、お話しすることにします。

第6章

ロマン主義的感性

なぜロマン主義なのか

ロマン主義。それを担った一つの分野が詩であったことは、ローティの父方の祖父がもともとアイルランドの詩人志望の青年であったこと、ローティの父親も詩を書いていたこと、そして、その昔、古代の西洋では、哲学と詩作の対立が「仕組まれて」いたことを、思い出させます。え、なんのことかって？　それは、哲学の源流として、よく、ソクラテスやプラトンの名が挙げられますよね。プラトンは、詩作は実在から遠い営みで、そんなものを大事にする必要はないと言いながら、本人はもともと詩人志望（悲劇作家志望）だったのです。そのプラトンが崇拝した人物がソクラテスですけど、そのソクラテスは、実は悲劇作家の後ろ盾だったというなんともおもしろい「うわさ話」が残っておりましてね。まあ、そんな「ややこしおもしろ話」があるもので、一筋縄ではいかないのです。もともと人間のやることですし、人間ってもともと、そんなふうなおもしろい生物なんですけどね。

ともかく、哲学と詩作の対立図式を彼一流の仕方で提示したのがプラトンで、プラトンはニーチェとともにローティがはじめてその著作を読んだ哲学者の一人で、しかも今言いましたようにプラトンはもともと若い頃詩人を志していたと言われていて……。そうすると、哲学と詩作の対立がプラトンという一人の人間の中でどう収まっていたかということも、なんだかおもしろそうですよね。そう、そうした問題をローティが見るとき、プラトンに典型的に認められる（公式の）哲学観・文学観と大きく対照をなすのが、近代のロマン主義だったのです。ですから、このあたりを探ってみることで、ローティの思想がかなりほぐれてくるかもしれないというわけです。

ローティの思想は、多様な結節点を持つ網目構造をなしており、ある面を単独で論じるのはそもそも不可能です。というより、私たち人間がそもそもそのようなものであるにもかかわらず、私たちにはできるだけシンプルなストーリーで思考を楽にしようとするメカニズムが同時に組み込まれているらしく、そのことによって一人一人が持っている心の中の網目構造がかえって見えづらくなっているのかもしれませんね。そんな網目構造の全体をたどろうとしますと、ともかくどこかから始めて、何度もぐるぐるまわってみるしかありません。ガーダマーの言う、そしてローティが好んで使う、「解釈学的循環」です。というわけで、第2章と第3章の言語論的転回にまつわる話に続いて、第4章と第5章ではローティの反「自然の鏡」的人間観を取り上げました。この循環をさらに繰り返してローティの思想の全体が少しでもよりよく俯瞰できるようにするため、とにもかくにも、ローティが念頭においている「ロマン主義」に関わるいくつかの話題について、まずは確認するところから始めたいと思います。

古代の「巨人」

パリの南西八〇キロメートルほどのところに、シャルトルという町があります。ここにシャルトル大聖堂というのがありまして、一二世紀頃、この大聖堂の附属学校に、フランス語では「ベ

ルナール」、ラテン語では「ベルナルドゥス」という人がいました。生年没年ははっきりしませんが、一一二四年以降に亡くなった人で、「シャルトルのベルナール」（フランス語で **Bernard de Chartres** ベルナール・ド・シャルトル、ラテン語では **Bernardus Carnotensis** ベルナルドゥス・カルノテンシス）と呼ばれています。

この人が言ったとされている言葉に、**nani gigantum umeris insidentes**（ナーニー・ギガントゥム・ウメリース・イーンシデンテース）というのがあります。「巨人たちの肩に座った小さい人たち」を意味します（「小さい人たち・巨人たちの・肩に・座っている」という順番に、単語が並んでいます）。「巨人」というのは古代の人たち、「小さい人」は、その時代の現代人。つまり、今の人々はものがよく見えるのだけれど、それは昔の偉人の肩に登って見ているからであって、つまりはその偉人たちに多くのものを負っているからだというのです。

では、その巨人たちとは誰のことなのか。昔の巨人はたくさんいるのですが、筆頭はやはり、古代ギリシャのプラトンとアリストテレスです。

ロマン主義を理解するには、そうした古代の「巨人」の理解は欠かせません。ここでは、紀元前五世紀のパルメニデスにまで遡って、まずはロマン主義と対立する「理性主義」について、その基本を見ておきたいと思います。

パルメニデス

パルメニデス（Παρμενίδης）。紀元前四七五年頃にエレアという都市国家で活躍した、ギリシャ人です。エレアは今はイタリアの一部ですが、その昔はギリシャ人が住んでいました。そのパルメニデス、あるもの、存在するものは、ただ一つ、それは感覚では捉えられず、知性で捉えるしかないものだと主張しました。

パルメニデスは、「あるもの」と「ないもの」の対比から議論を進めます。「あるもの」は、「ある」というのですから、どこまでも「ある」。また、「ないもの」は、「ない」というのですから、どこまでも「ない」。したがって、「ないもの」が「あるもの」になったり、「あるもの」が「ないもの」になったりすることはありえないとパルメニデスは考えます。

つまり、「あるもの」は不生、不滅です。

また、「ないもの」はないので、「あるもの」どうしを分けるため

の「ないもの」を考えることはできず、したがって「あるもの」が複数あるということはありえないことになります。そこで、「あるもの」は、ただ一つ。しかも、あるものだけしかなくてのただ一つですから、それは運動のしようもありません（不動）。「あるもの」がそこへと動いていくべき「ないもの」が、ないのです。

このように、パルメニデスによれば、「あるもの」は不生、不滅、一つしかなく、不動です。また、「……である」ものが「……でない」ものになることも、「ある」が「ない」になるのですから、ありえません。つまり、不変です。

パルメニデス

こうして、恒常不変で動くことのないただ一つの「あるもの」という、感覚ではもはや捉えられないものについての考えが、パルメニデスによって提出されたのでした。

パルメニデスのこの見解は、紀元前六世紀に始まったギリシャ科学に大きな刺激を与え、結果的に紀元前五世紀後半の原子論の成立に貢献することになるのですが（この件については拙著『観念論の教室』〔ちくま新書〕や、『科学哲学者柏木達彦の哲学革命講義』〔角川ソフィア文庫〕で論じました。ご参照いただければ幸いです）、それはともかく、ここに、ある特殊な考え方が、極めて基本的な事柄を扱うものとして提示されたことが、おわかりいただけると思います。

今「感覚ではもはや捉えられない」と言いましたが、私たちが感覚で捉えているものはあれやこれやたくさんあり（つまり複数存在していて）、運動もしますし、変化もします。パルメニデスの言う「あるもの」とはずいぶんと違いますよね。ですから、パルメニデスの言う「あるもの」を捉えるのは、感覚ではありません。パルメニデスはその場合に働く機能を、「知性」と呼びました。「知性」というのは、パルメニデスの場合、原語は νόος（ノース）です。アッティカ方言（つまり、ギリシャのアテネ周辺の「アッティカ地方」の方言）で νοῦς（ヌース）と言われているものの古形です。

（因みに、ギリシャ哲学の用語を訳すとき、「理性」と訳されているのは一般に λόγος［ロゴス］です。もちろん、「ロゴス」は、少なくとも現代の私たちの観点からすれば多義的に見え、聖書の『ヨハネによる福音書』冒頭の「はじめにロゴスありき」［Ἐν ἀρχῇ ἦν ὁ λόγος エン・アルケー・エーン・ホ・ロゴス］の「ロゴス」がどのように理解されてきたかを考えても、なかなか難しい言葉であることがわかります。）

パルメニデスを含む、タレス（紀元前五八五年頃の人）から紀元前五世紀の原子論者やソフィストに至る一群の「哲学者」を、「ソクラテス以前の哲学者」と呼ぶことがあります。彼らの中で、パルメニデスは、とりわけ特異な立ち位置にいます。知性でしか捉えられない、ただ一つだけの「あるもの」を考えるという、私たちの日常の思考とは大きくかけはなれた考え方をしたのです。

しかし、私たちが日々目にしているものとは別に、なにか特異なものを想定するのは、パルメ

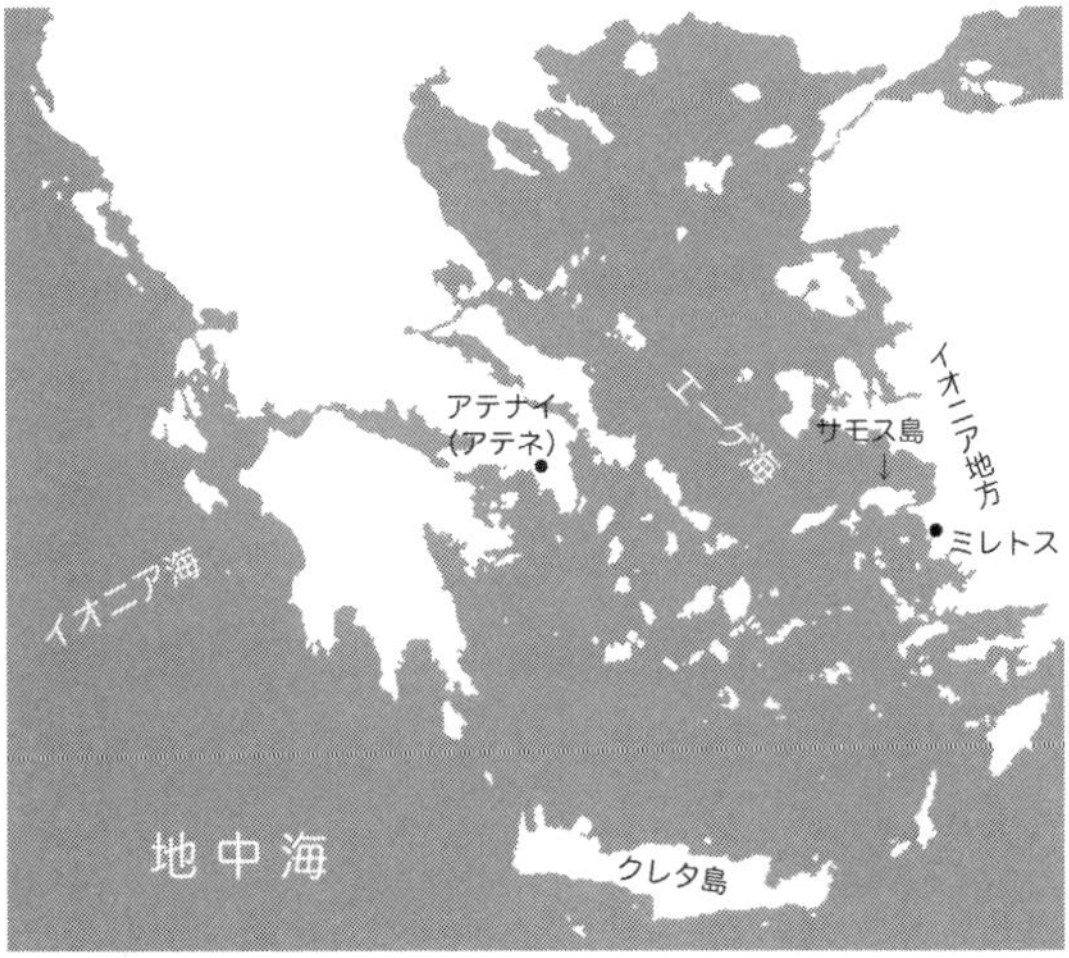

ニデスだけではありません。すべてが水からなっているとしたタレス、水ではなく、特定の性質を持たない「ト・アペイロン」なるものからすべてができていると言ったアナクシマンドロス（紀元前五七〇年頃の人）、すべてが数からなっているとしたピタゴラス（紀元前五三〇年頃の人）の考えも、感覚で捉えられるものをそのまま受け取るのではなく、特異ななにかを想定するものであるには違いないのです。ですから、その点においては、「ソクラテス以前の哲学者」の中でパルメニデスだけを特別扱いする理由はないかもしれません。けれど、感覚とは関わりなく「知性」によって捉えられるなにかという考え方を明確に表明したという点で、パルメニデスはやはり際立っています。

（ところで、タレスとアナクシマンドロスは、ミレトスの人でした。ミレトスを含む小アジアのイオニア地方も、ギリシャ人が住んでいました。ピタゴラスはサモス島の生まれですが、イタリア半島のエレアの近くのクロトン［現在のクロトーネ］で活動しました。）

ソクラテスとプラトン

感覚とは異なる知的な能力によって、ある特異なものをしっかりと捉えるという方向性。この方向性を、のちに新たに明確な形で示したのが、プラトン（Πλάτων, 427-347 B. C.）でした。

プラトンの考え方を押さえるためには、これもまた少し戻って、ソクラテス（Σωκράτης, 469-399 B. C.）から始めるのがわかりやすいと思います。ソクラテスもプラトンも、アテナイ（アテネ）の人です。

ソクラテスは、あることをきっかけに、知恵がないのに知恵があると思い込んでいる人に対して問答を行い、無知を悟らせるとともに、少しでも知恵あるものになるよう手助けすることを、使命と考えるようになりました。そのソクラテスが用いた論法に、「……とは何か？」と問い、その答えを求める、というのがあります。

「……とは何か？」という問いは、今どう思っているかを聞くのに用いることもできます。つまり、過去に考えていたこととも、将来考えるかもしれないこととも違っていてもいいので、ともかく今はどう思っているのかを聞くのに用いることもできますよね。その場合には、人の考えは変わってもいいのだという見方が前提となっています。けれど、ソクラテスの場合には、その問いは、「物事の本質は定まっている」と言い換えてもよさそうな考え方を前提としていて、その本質を言葉で述べよと言っているかのようでした。

そうなんです。このあたり、なんとなく考え方がつながってきたように見えるかもしれませんね。パルメニデスの、感覚では捉えられない、知性で捉えるしかない、恒常不変の「あるもの」。それと、ソクラテスが「……とは何か?」と尋ねるとき、その前提としていたかに見える、恒常不変の物事の本質。私たち人間がそれらをどう捉え損なおうと、それ自体、定まったものとしてあり続けるなにか。私たちは死すべき人間なのに、人間を超えたなんだかすごいものが彼方にありそうで、他方私たちには、そのなんだかすごいものを捉える能力がありそう。そんな錯覚を起こしそうな脈絡に、見えなくはないですよね。

ソクラテス

古代ギリシャには、おもしろい巨人がいっぱい出てきます。その中には、「万物は流転す」、あらゆるものは移ろいゆくものだ、と考える人たちもいました。ところが、そのような考えは、右のような一定不変の真理の存在を認める考えと対立するかというと、必ずしもそうではないのです。というのも、すべてが流転（変転）するということの中に、文字通りあらゆるものが変転するという見方だけでなく、この自然界は変転するけれどもその背後に不変の真理があるとする見方がありうるのです。後者は、パルメニデスやソクラテスの考え方と重なるところがあります。これに対して、前者は、いかなる意味でも（「万物は流転す」ということ自体を除けば）恒常不変のものを認めないのです。

古代ギリシャにはそんな考え方がいろいろとあるのですが、ヨーロッパ文化を長い間拘束してきたのは、ある巨人たち、すなわち、それ自体として定まった恒常不変のものがあるという考えを持つように見える巨人たちの考え方でした。そして、そうした巨人の典型が、大のソクラテスファンだったプラトンでした。

イデア論

プラトンが二〇代後半の紀元前三九九年に、彼が尊敬するソクラテスが五〇〇人（もしくは五〇一人）のアテネ市民からなる陪審員によって死刑の判決を受け、死刑になってしまいます。このことから、彼は一時国外を遍歴し、四〇歳頃アテネに戻って学校を作ります。アカデメイア（Ἀκαδήμεια アカデーメイア）です。そのプラトンが残したものの一つが、のちに「イデア論」と呼ばれるようになった考え方でした。

例えば、個々の美しいものとは違って、「美そのもの」とは何であるかをプラトンは考えさせようとします。この「美そのもの」、これはまた「美のイデア」とも呼ばれます。私たちは、さまざまなものに出会ってそれを「美しい」と思います。ということは、「美とは何か」、「美のイデア」、「美そのものは何か」をそれなりに知っているということです。さらに言い換えれば、「美のイデア」をそれなりに知っているということです。それなりにというのは、「美」とはこのようなものだ、「美のイデア」とはこのようなものだと明確に言えるほど、私たちはよくよく「美のイデア」を知っているわけではないからです。

このような「イデア」（ἰδέα もとの発音は「イデアー」に近いのですが、通常長母音を無視して「イデア」と表記されます）の考え方は、もちろん「美」だけでなく、「勇気」とか「人間」とか、さまざまなものについて言うことができます。プラトンは、そうしたさまざまな事物の「イデア」――言い換えれば「本質」――はそれ自体で定まっていて、さらにそれらのイデアはあたかも個々の美しいものや勇気あるものや人間などとは別に、どこかにそれだけで存在しているかのように説いたのです。

例えば、プラトンは『国家』の中で、次のように述べています。


われわれは、われわれが同じ名前を適用するような多くのものを一まとめにして、その一組ごとにそれぞれ一つの〈実相〉（エイドス）というものを立てることにしている〔……〕。（プラトン『国家』藤沢令夫訳〔田中美知太郎／藤沢令夫編『プラトン全集』第一一巻、岩波書店、一九七六年〕第一〇巻、六九二ページ〔五九六A〕）

このように、同じ名前で呼ばれるものには、一つの「エイドス」、つまり一つの「イデア」が対応しているとされ（これ、第3章に出てきました後期ヴィトゲンシュタインの「家族的類似性」の考えと比較すると、おもしろいと思います）、個々のものはこのイデアを分かち持つことによってそれぞれのものになっていると言われます。加えて、プラトンは右の引用箇所のあとのところで、イデアは「本性（実在）界にある」（五九七Bなど）と、登場人物のソクラテスに語らせています。さらに、その前後の議論において、イデアは「神が作ったもの」（五九七B）と考えざるをえないとソクラテスに語らせていることからもわかるように、このイデアは少なくとも人間が考えて作るようなものではありません。神の名を出すかどうかはともかく、少なくともこの『国家』を書いた時期には、プラトンはイデアが恒久不変のものとして定まっていることをわれわれに理解させようとしています。

洞窟の比喩

西洋の思考を大きく決定づけたこの考え方――哲学とは恒常不変のなにかを捉えようとするものであるという考え方――を、もう少し立ち入って見てみましょう。そのため、プラトンがイデアに与えた位置づけの一端を見ておくことにします。それを理解させようとするものの一つに、「洞窟の比喩」があります。

「洞窟の比喩」は、プラトンが『国家』第七巻（五一四A～五一八B）で提示します。暗い洞窟で囚人たちが奥の壁に向かって縛られています。洞窟のはるか後方に火が燃えており、火と囚人たちの間に低い壁が設けられていて、そこにさまざまな道具や、自然物の像が掲げられ、動かされています。生まれた時からその状態のまま、後ろを見ることのできない囚人たちは、洞窟の奥の壁に映っている影を、本物だと思い込んでいます。

この囚人の一人があるとき無理矢理洞窟の外に連れ出されます。はじめは目がくらんでなにも見えませんが、少しずつ目を慣らし、太陽もはじめは水に映ったのをかろうじて見るところから次第に太陽そのものを見ることができるようになります。こうしてその囚人は、自分がこれまで本当のものだと思っていたのは、実は影のようなものだったと知ります。外の世界はイデアの世界であり、すべては太陽すなわち善のイデアがつかさどっています。洞窟の中は感覚界で、囚人がかつて本物だと思っていたものは、影でしかありません。

プラトンによれば、われわれはこの喩えに出てくる囚人のようなものです。こうした人々を無理にイデアの世界に連れ出そうとすれば、ソクラテスのように殺されかねません。けれども、われわれは、感覚界を出て、洞窟の外に向かい、真の実在であるイデアを、そしてすべてをつかさどる善のイデアを捉えるよう、魂の「向け変え」をしなければならないとプラトンは対話篇の登場人物に語らせます。魂の「向け変え」、ギリシャ語では περιαγωγή（ペリアゴーゲー）、ラテン語では **conversio**（コンウェルシオー）、英語では **conversion**（コンヴァージョン／コンヴァーション）と言います。「回心」です。

魂の三つの部分

このこととの関連で、プラトンの見解を、もう一つ、見ておかなければなりません。それは、魂（ψυχή プシューケー）を三つの部分からなるとする考えです。『国家』第四巻（四三五C～四四二D）に出てきます。その三つとは、理性的な部分（λογιστικόν ロギスティコン）、気概的な部分（θυμοειδές テューモエイデス）、欲望的な部分（ἐπιθυμητικόν エピテューメーティコン）です。言い換えると、理性（λόγος ロゴス）と、気概（θυμός テューモス）と、欲望（ἐπιθυμία エピテューミアー）です。気概というのは勇気のことです。

これら三つの中で理性は最上位にあり、人間はさまざまな欲望を持ちながら、理性の命じることを気概（勇気）によって推し進めるというのです。理性と気概と欲望は、二頭立ての馬車の御者と馬に喩えられます。御者は理性。二頭の馬のうち、良い馬である白い馬は気概、悪い方の黒い馬は欲望を表します。

壺絵の二頭立ての馬車

プラトンによれば、私たちの魂のこの理性的な部分が、イデアを捉えるのです。

哲学と詩作

魂の「向け変え」をし、イデアを捉え、それに従って生きていくことがプラトン的な「哲学」（φιλοσοφία ピロソピアー）の営みだとしますと、プラトンはこれと詩作（創作 ποίησις ポイエーシス）とを対比させ、詩作の地位を貶めます。この点を、次に確認しておきましょう。

古代ギリシャでは、悲劇が書かれ、上演されていました。アイスキュロス（Αἰσχύλος, 525–456 B. C.）、ソポクレス（Σοφοκλῆς, 497/6–406/5 B. C.「ソフォクレス」でもOKです）、エウリピデス（Εὐριπίδης, c. 480–406 B. C.［c. は「およそ」、「約」、「頃」を意味します］）。こういった人々の名前が、高校の世界史の教科書などに出てきますよね。

プラトンに言わせると、こうした人々の創作（詩作）は、物事の定まった本質（イデア）を捉えるものではなく、イデアのそれなりの写しである感覚界の物事をさらに真似るもの（μίμησις ミーメーシス、模倣）です。つまり、それは、写しの写しとして、イデアという「本当に実在するもの」から二段階にわたって遠ざかるもので、「本当に実在するもの」をとうてい把握できるものではありません。

今、「本当に実在するもの」という言い方をしましたが、プラトンにはこれにあたる言葉がときおり出てきます（『国家』四九〇B、『ソピステス』二四〇Bなど）。「本当の実在」、「真実在」。プラトンのもとの言葉は、τὸ ὄντως ὄν（ト・オントース・オン）です。「ト」は定冠詞、「オントース」は「オン」と同根の語で、「本当に」、「真に」を意味し、「オン」は「存在するもの」を意味します。

哲学がそうした「本当の実在」を捉えようとする営みであるのに対して、詩作はそうしたものではまったくないと、プラトンは思っているのです。彼は『国家』第一〇巻で「哲学と詩との間には昔から仲違いがあった」（六〇七B）と言い、さらに、悲劇をはじめとする詩は、人間の魂の「最善の部分」すなわち理性的な部分とは関係を持たず、「低劣な部分」すなわち欲望的な部分と関係を持つことによって、人々の好評を得ようとするものであるとしています。

理性と恒常不変の真理

「知性」とか「理性」とかいった言葉。私たちはこれらの言葉を、日常、あまり明確に区別せずに、ごく普通に用いています。今「理性」に話を限定しますと、それは私たちが持っているなにかある優れた能力で、私みたいに激しやすい質の者には「理性的になれ」なんてアドバイスがあったりして（笑）。

「理性」とは何か。それは、ものごとをちゃんとした筋の通った仕方で考え、しかるべき結論を出すような、多分そういったイメージのものですよね。そして、「理性的になれ」という言葉も、考えてみますと、「冷静になれ」というのとほぼ同じことを言っているようにも見えますよね。要するに、感情や衝動に流されないで、落ち着いて考えてみよということのようでもあります。そういうことなら、それに限ってですけれど、理性を重視するプラトンの姿勢も、わからなくはないですよね。

けれども、先に確認したことからしますと、プラトンにとって冷静になって捉えるべきことは、最終的にはやはり、恒常不変の真理としてのイデアなのです。そこから、「理性」とか「理性的」とかの理解可能な用法とは別に、真理をめぐるある際立った見解の対立が出てくることになります。プラトンの考えそのままではないにしても、ともかく真理は定まっているはずだという考えと、真理は私たちが作っていくものだという考えの対立です。

そして、この対立からさらに、先のプラトンの言う「哲学」と「詩作（創作）」、ピロソピアーとポイエーシスの対立関係についても、そのとおりでいいのかそれとも捉え直さなければならないのかという問題が、出てくることになります。これは、大変重要な問題です。というのも、プラトンは若い頃詩人になろうとしていたことがあり、そのことがプラトンの中でどうなったかということが問題としてはあるのですが、それよりもなによりも、プラトン自身が物語的な語り口を多用するという見過ごせない事実があるからです。つまり、哲学と詩作の関係は、プラトン自身においてすら、彼が『国家』で言うほど単純ではなさそうなのです。

理性主義

さて、「理性」という言葉が、右に述べたように、物事をちゃんとした筋の通った仕方で考える働きとして理解されるのであれば、それにはさほどの問題はなかったかもしれません。けれども、理性が、歴史を超えた（超歴史的な）、場所や文化を超えた普遍的真理を捉える働きと理解される場合には、その前提となっている超歴史的・超文化的な真理の存在如何が問題にならなければなりませんし、しかも、理性をそうしたものとして受け入れるのであれば、それを受け入れる私たちは、そうした真理の強力な拘束のもとに置かれることに甘んじなければなりません。

そこで、人類は、大きく二つの群に分かれることになります。一つは、そうした意味での「理性」を最終的に依拠すべきものとするという意味で、「理性主義」を当然視する人々です。そして、もう一つは、そうした意味での理性主義に疑問を抱く人々です。理性主義を表す英語は rationalism（ラショナリズム）で、この言葉は「合理主義」と訳すこともできますが、「理性」という人間の能力を強調するため、本書では「理性主義」を用います。ただし、rationality（ラショナリティー）にあたる言葉としては、「合理性」を用いることにします。

というわけで、今度は、そうした理性主義と対照をなす一つの動向であった一八世紀末から一九世紀前半にかけての「ロマン主義」について、基本的な事柄を押さえておくことにしましょう。といっても、この話もまた古代から始まります。

ロマンス諸語

その昔、ローマの七つの丘あたりに住んでいた人々が使っていた言語。これを、ラテン語と言います。ラテン語で言えば、「リングァ・ラティーナ」（lingua Latina）です。このラテン語、ローマが帝国となり、広大な版図を擁するに及んで、広く公用語として使われるようになりました。そんなわけで、ヨーロッパでは近代に入っても、知識人がラテン語を使えるのはあたりまえで、フランスのデカルト、イギリスのロックやバークリ、ドイツのカントなども、みな当然のように、日常使っている言語だけでなく、ラテン語でも、ものを書いたり話したりしていました。

高校の世界史に出てくると思いますが、紀元前一世紀の終わり頃から紀元一世紀の初め頃にかけての、ローマの皇帝で言えば初代のアウグストゥス帝（在位は紀元前二七年から紀元一四年）の頃に、ラテン文学は黄金期を迎えます。作家としては、ウェルギリウス（**Vergilius, 70 B. C.–19 B. C.**）、ホラティウス（**Horatius, 65 B. C.–8 B. C.**）、オウィディウス（**Ovidius, 43 B. C.–17/18 A. D.**）の名前がよく知られています。彼らが使っていたラテン語を、「古典期」のラテン語と呼びます。文語のラテン語です。

この「古典期」の文語ラテン語に対して、口語の俗ラテン語が発達していきます。そこから生成したラテン語の方言、イタリア語やフランス語やスペイン語などが、ローマ風の言語という意味で、「ロマンス諸語」と呼ばれるようになります。そのロマンス諸語を用いて、中世から近世はじめのヨーロッパで書かれた騎士の冒険や恋愛などを扱う文学作品が、いわゆる「ロマンス」です。一一世紀頃に始まり、一六世紀頃まで多くの作品が書かれ、その後下火となりました。

「ローマ」はラテン語で **Roma**（ローマ）、「ローマの」を意味するラテン語の形容詞が **romanus**（ローマーヌス）。これから派生した「ロマンス語の」を意味する **romanicus**（ローマーニクス）の、さらにその副詞形 **romanice**（ローマーニケー、「ロマンス語で」）がもとになって、ロマンス語で書かれた文学作品が **romanz**（古フランス語）や **romance**（英語）、つまり「ロマン」とか「ロマンス」とか呼ばれることになったのです。もとより、「ロマンス」はさらにその語義を拡大していき、今日では、恋愛や恋愛物語を意味する言葉としてごく普通に使われています。この「ロマン」もしくは「ロマンス」が、のちの「ロマン主義」の語源となります。まず「ロマンティック」（フランス語では romantique 英語では romantic）という形容詞が作られ、そこからさらに「ロマン主義」（英語では romanticism ロマンティシズム）という言葉が作られたのです。

古典主義とロマン主義

さきほど「古典期」という言葉が出てきましたが、「古典」と訳される英語の classic はラテン語の classicus（クラッシクス、「最高のクラスの」、「最高級の」を意味します）という形容詞に由来し、もともと、ギリシャ・ローマの「古典」、すなわち古代ギリシャ・ラテンの一流作家の作品を意味していました。

言語による芸術に限らず、ギリシャ・ローマの古典においては、均整、調和、秩序、理性、形式的統一性が尊重されました。この古典古代の文化の在り方を理想とし、それを復興しようとする動きが、ヨーロッパに繰り返し現れます。それらは、すべて、「古典主義」（英語では classicism クラシシズム）と呼ぶことができるものでした。

おもしろいことに、均整、調和、秩序、そうしたものを支える「理性」という能力を重視する古典主義に対して、それらを疑問視する姿勢もまた、ヨーロッパに繰り返し現れます。その疑問視の姿勢が特に顕著となるのが、一八世紀後半から一九世紀前半にかけて現れる「ロマン主義」の思潮です。ロマン主義は、理性よりも感情や想像力に重きを置くもので、さまざまな人々のうちに胚胎し、継承されていきました。

ロマン主義は、文化のさまざまな分野に現れます。しかし、本書のテーマからしてとりわけ重要なのは、文学、それも詩におけるロマン主義です。ここではイギリスのロマン派詩人を取り上げてみます。そうすることによって、ローティのロマン主義に対するスタンスが最も見えやすくなると思われるからです。

まずはワーズワースとコウルリッジです。

ワーズワースとコウルリッジ

ウィリアム・ワーズワース（William Wordsworth, 1770–1850）は、一七七〇年に、イングランドの湖水地方にあるコッカマス（Cockermouth）で生まれました。少年時代に、母と、法律家の父を亡くします。父は生前、彼にミルトンやシェークスピア、スペンサーに親しむよう促し、また、両親を亡くしたあと、美しい自然が彼の友となりました。

一七八七年、一七歳のワーズワースは、『ヨーロピアン・マガジーン』（*European Magazine*）にソネットを載せ、詩人としてデビューします。同誌は一七八二年にロンドンで創刊された総合誌です。ワーズワースのソネット（*Sonnet, on Seeing Miss Helen Maria Williams Weep at a Tale of*

Distress）は、その第一一巻の二〇二ページにAxiologus（アクシオロガス）という筆名で掲載されています。アクシオロガスというのは、「ワーズワース」を「ワーズ」（言葉）＋「ワース」（価値）と読み、それをギリシャ語に言い直し（ἀξιόλογοσ アクシオロゴス）、ラテン語綴りにしたものです。

　同年、彼はケンブリッジ大学のセントジョンズ・コレッジに入学、一七九一年に学士号を取得しますが、その間にも湖水地方にたびたび戻って、自然の美しさに溢れたその地を散策し、またヨーロッパ大陸を旅したりもしています。

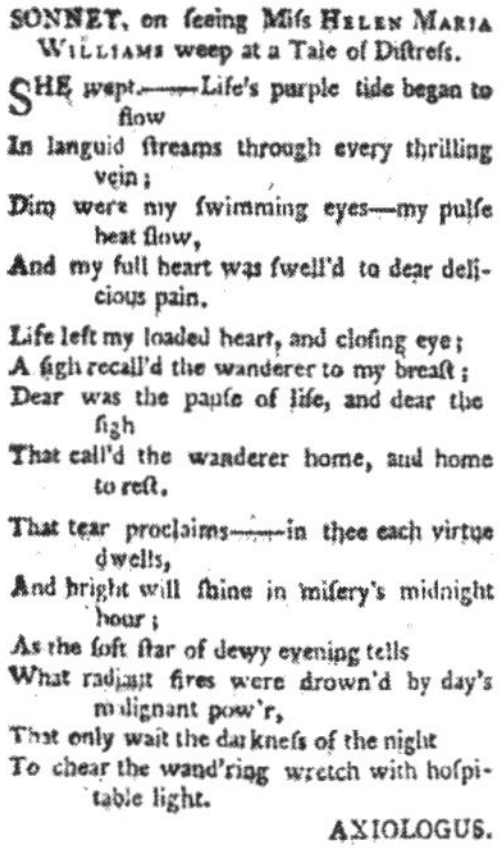

SONNET, on ſeeing Miſs HELEN MARIA WILLIAMS weep at a Tale of Diſtreſs.

SHE wept.——Life's purple tide began to flow
In languid ſtreams through every thrilling vein;
Dim were my ſwimming eyes—my pulſe beat ſlow,
And my full heart was ſwell'd to dear delicious pain.
Life left my loaded heart, and cloſing eye;
A ſigh recall'd the wanderer to my breaſt;
Dear was the pauſe of life, and dear the ſigh
That call'd the wanderer home, and home to reſt.
That tear proclaims——in thee each virtue dwells,
And bright will ſhine in miſery's midnight hour;
As the ſoft ſtar of dewy evening tells
What radiant fires were drown'd by day's malignant pow'r,
That only wait the darkneſs of the night
To chear the wand'ring wretch with hoſpitable light.

AXIOLOGUS.

ワーズワースのソネット（1787年）

ウィリアム・ワーズワース

　一七九一年、フランスでフランス人アネット・ヴァロンと恋に落ち、翌年アネットは娘キャロリーヌを出産、ワーズワースは一八〇二年に幼なじみのメアリー・ハチンソンとの結婚ののちも、フランスに残した母子の支えとなりました。

　一七九五年、ワーズワースはコウルリッジに会い、一七九八年に共同で詩集『抒情歌謡集』（*Lyrical Ballads*［1798］）を出版します。これが、イギリスのロマン主義運動を代表する詩集となります。また、同年から翌一七九九年にかけてワーズワースは妹ドロシーとドイツで過ごし、没後一八五〇年に出版されることになる『プレリュード』（*The Prelude*［1850］）を書き始めます。

ワーズワースは湖水地方に住み、その後も詩人としての活動を続け、一八四三年、桂冠詩人に選ばれています。一八五〇年に亡くなり、湖水地方グラスミア（Grasmere）の聖オズワルド教会に埋葬されました。

さて、次は、コウルリッジです。サミュエル・テイラー・コウルリッジ（Samuel Taylor Coleridge, 1772–1834）。一七七二年に、イングランド南西部のオタリー・セントメアリー（Ottery St Mary）で生まれました。父親は教区牧師を務めるとともに、教育者でもありました。八歳の時に父親が亡くなり、ロンドンの慈善学校クライスツ・ホスピタル（Christ's Hospital）で教育を受け、一七九一年にケンブリッジ大学ジーザス・コレッジに入学、一度退学しますが、一七九四年まで在籍していました。

一七九五年、サラ・フリッカーと結婚、同年、ワーズワースと出会い、一七九八年に、先の『抒情歌謡集』をワーズワースとともに出版します。同じ一七九八年に、ドイツに留学、カント哲学、ドイツ観念論、レッシングの思想を吸収して帰国、詩人として、文芸批評家として、あるいは哲学者として活動するのですが、持病の痛み止めに使った阿片で体調を崩し、一八三四年にロンドンのハイゲイトで亡くなりました。

サミュエル・テイラー・コウルリッジ

自然の中の神的なもの

ワーズワースは自然の中に神の存在を見て取り、そのため、「スピノザ風」（Spinosistic）と言われることがあります。ワーズワース自身は、スピノザ（Baruch de Spinoza, 1632-1677）との同一視に異を唱えることがあったものの、少なくとも彼の詩の中で、自然の中に現れる神的なものがさまざまな形で歌われたのは事実です。例えば、コウルリッジとともに出版した詩集『抒情歌謡集』に収められた「ティンタン修道院の数マイル上流にて詠める詩」（*Lines Composed a Few Miles above Tintern Abbey*）の中には、次のような一節があります。

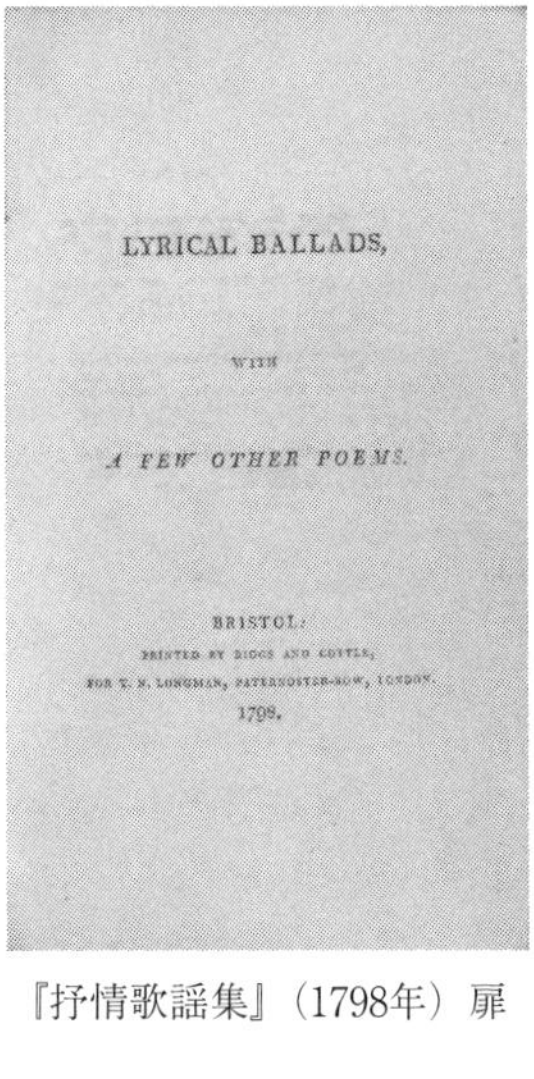

『抒情歌謡集』（1798年）扉

And I have felt
A presence that disturbs me with the joy
Of elevated thoughts; a sense sublime
Of something far more deeply interfused,
Whose dwelling is the light of setting suns,

そして私は感じてきた。
思いが高ぶり、喜びとなって
私の心をかき乱すあるものの気配を。
それははるか深く浸透した
なにものかの崇高な感覚であり、

And the round ocean, and the living air,
And the blue sky …

落日の光や丸い海、新鮮な大気や青空を
住処としている〔……〕。

このように、彼は「落日の光や丸い海、新鮮な大気や青空」に「はるか深く浸透したなにものか」を見ています。これは、「ヘブライズム」と言われる一神教的神観念とは異なります。その「はるか深く浸透したなにものか」がただ一つのものであるとしても、さまざまな自然物がまるで言葉のようにそれを私たちに見て取らせるのです。

（因みに、ローティは、論文「合理性と文化的差異」〔"Rationality and Cultural Difference"〔1991〕〕等で、この「はるか深く浸透したなにものか」というワーズワースの言葉に言及しています。）

想像力――ワーズワースの場合

さて、ここで重要なのは、ワーズワースやコウルリッジをはじめとするロマン主義の詩人が、「想像力」に重きを置いたという点です。

その点を確認するにあたり、まずはその言葉のルーツについて、少し見ておきましょう。「想像力」。英語では imagination（イマジネイション）です。もとはラテン語の imaginatio（イマーギナーティオー）です。

ラテン語に imago（イマーゴー）という言葉があります。なにかの「像」、なにかに「似たもの」という意味の言葉です。このラテン語が英語に入って image（イメージ、イメッジ）となります。この、イマーゴー、像、似たものを作る心の働きが、イマーギナーティオーと呼ばれました。imago を作る働きですから、imaginatio、英語ではイマジネイションです。ラテン語の imaginatio は、imaginationis（イマーギナーティオーニス）とか imaginationem（イマーギナーティオーネム）とかいった形に活用します。このように、-tio の次に n が付いた形で活用するものですから、英語に入るとき n が付いた形をとって、imagination となったのです。

問題は、この imagination が何を意味しているかです。

この世界にさまざまな物があって、それに似たもの、それの像を、心の中に作る。この働きが、imaginatio（イマーギナーティオー）です。普通には、それは、物が見えていないときに、心の中でそれに似たもの、つまり現代語で心像、mental image と言われているものを思い浮かべることじゃないかと思いますよね。それなんです。今見えていないけど、ある風景をイメージとして思い浮かべる、あるいは、今演奏されているわけじゃないけど、ある音楽を心の中で再現してみせる。このようなイメージを構成する働きが、imaginatio（イマーギナーティオー）なのです。

でも、厳密に言えば、実は、そういう心像を思い浮かべる働きだけではなくて、感覚の働きも、imaginatio と言われたのです。え、どうしてかって？　それは、古代からしばしばそうなんですけど、感覚というのは、外にある物からなんらかの刺激を受けて、その結果私たちがなにかを見たり聞いたり味わったりするということですよね。外になにかあって、それに「似たもの」を私たちは感覚している。というわけで、感覚自体が、外にある物に対して、それに「似たもの」を私たちの中に生み出す働きだと考えられたのです。それで、感覚の働きがimaginatioないしimaginationと呼ばれることがあったのです。例えば、一七世紀後半に活躍したジョン・ロックなんかも、『人間知性論』の草稿で、このような感覚の働きを言うのにimaginationという言葉を使っています。

で、そういうことはあるのですが、imaginationというのは、基本的には、心の中にさまざまな心像としてのイメージを思い浮かべる働き、しかも、記憶とは違って、単にかつて感覚したことのあるなにかを再現するのではなく、感覚的に経験したことのないものを心像として思い浮かべる働きを表すのにも使われるようになります。そして、ともかくこれまで経験したことがないようなことを考えるのであれば、心像を思い浮かべることを必ずしもしなくても、それは「想像力」の働きによると言われるようになります。（日本語の「想像力」は、必ずしも心像を思い浮かべなくてもよくて、ともかく経験したことのないようなものを考える働きとして、一般に理解されていると思います。）

さて、ワーズワースは、「想像力」を極めて重要な心の働きと見ます。例えば、『プレリュード』第一四巻で、次のように述べています。

この霊的な愛は、想像力なしには機能せず、またそれなしには存在しえない。この想像力とは、実のところ、絶対的な力や最も明晰な洞察、心の豊かさや最も高揚した理性の、別名にほかならない。（ワーズワース『プレリュード』第一四巻より）

この言葉には、想像力を重視するワーズワースの姿勢がよく現れています。ただし、ここに言われるように、ワーズワースにおいては、想像力は理性と対立するものとして扱われてはいません。それは「最も高揚した理性」のことであり、「最も明晰な洞察」を与えるものなのです。しかし、逆に言えば、理性の別名が想像力なのではありません。理性がある仕方で働く場合に、それが想像力だと言われているのです。ワーズワースの「想像力」理解にはいくつかの局面があるのですが、少なくとも彼が想像力を私たちの心の重要な働きと見ていることは、理解していただけると思います。

想像力——コウルリッジの場合

それでは、コウルリッジの場合はどうでしょうか。

コウルリッジは、一八一七年の『文学的自叙伝』（*Biographia Literaria*〔1817〕）第一三章において、想像力について、次のように述べています（二重山括弧《……》は、それによって括られた言葉が大文字で始まっていることを示します）。

私は《想像力》に、一次的なものと二次的なものを考える。私は一次的《想像力》を、人間のあらゆる知覚の生きた力であり主要な作用者であって、無限の《我あり》（I AM）における永遠の創造行為を、有限な心の中で繰り返すものと見る。二次的《想像力》とは一次的《想像力》の反響であり、意識的な意志と共存するが、その作用者の種類においては一次的《想像力》と同じであり、その度合いとその働きの様態においてのみ異なると考える。それは再創造に向けて、分解し、拡散させ、散逸させる。あるいはこの過程が不可能な場合でも、ともかくそれは、理想化し統一しようと努める。あらゆる対象が（対象としては）本質的に固定し死んでいるにもかかわらず、それは本質的に生気に満ちている。（コウルリッジ『文学的自叙伝』第一三章より）

大文字の《想像力》に関するコウルリッジのこの言葉、特に「一次的《想像力》」をどう解釈するかについては、多々議論のあるところです。彼が「人間のあらゆる知覚の生きた力」と言っていることから、「一次的《想像力》」を私たちの感覚的知覚の能力と考える人は多く、その場合には「無限の《我あり》における永遠の創造行為を、有限な心の中で繰り返すもの」という言葉は、神（無限の《我あり》。この「我あり」は、デカルトの「我あり」の用法とともに、旧約聖書の「出エジプト記」に出てくる「我はありてあるものなり」「I am that I am.」を想起させます）がこの自然の内にとこしえに生み出し続けるものを、人（有限なもの）が自分の知覚によって心の中に映し取ることと理解することができます。そうすると、「二次的《想像力》」のほうは「意識的な意志と共存する」と言われていることから、意識的に新たなものを生み出す心の創造的な働きと考えられます。

つまり、「一次的《想像力》」のほうは、外界を映す知覚像を心の中に生み出す力であり、これは先ほど述べた、「感覚の働きも、**imaginatio** と言われた」ということに対応します。そして、「二次的《想像力》」のほうは、経験したことのないものの心像を意識的に作り出すという意味での「想像力」（もしくは心像なしにも新たなことを考え出す力としての「想像力」）ということになりそうです。

（実を言いますと、私自身はコウルリッジの「一次的《想像力》」については、彼がドイツに留学して学んだカント哲学との関係で、別の解釈がありうると考えています。しかし、コウルリッジが『文学的自叙伝』の中で多分正直に『純粋理性批判』のすべてが理解できたわけではないと言っていることもあり、カントとの関係において別の解釈を断定的に提示することは少なくとも今ははばかられ、ここでは比較的よく行われている解釈の路線に従っておくことにします。）

コウルリッジはこの「二次的《想像力》」を、「総合する不思議な力」（**synthetic and magical power**）とも呼んでいます（『文学的自叙伝』第一五章）。この表現は、先ほどの引用箇所にあった「統一〔する〕」（**unify**）という言葉に呼応するもので、ここに言う統一や総合は、「分解し、拡散させ、散逸させ」たものを新たな仕方で一つにし「再創造する」、つまり新たなものを生み出す働きです（因みに、コウルリッジのこの考え方には、想像力［Einbildungskraft アインビルドゥングスクラフト］が「総合」［Synthesis ジュンテジス］の働きをなすという『純粋理性批判』に見られるカントの見解の影響を見て取ることができます）。また、コウルリッジは、「一つにする」を意味するギリシャ語（ἒς + ἕν + πλαστικός）から造った‘esemplastic’（エセンプラスティック）という形容詞を用いて、想像力を「統一する力」（esemplastic power）とも呼んでいます（『文学的自叙伝』第一三章）。

このように、コウルリッジは繰り返し「想像力」の働きを強調しています。彼の行うこうした特徴づけのうちにも、ワーズワースの場合同様、「想像力」重視の姿勢を読み取っていただけると思います。

シェリーと「詩の擁護」

ワーズワースとコウルリッジに見られるこの「想像力」重視の姿勢。これをさらに顕著に示したのは、同じくイギリスのロマン派詩人である、パーシー・ビッシュ・シェリー（Percy Bysshe Shelley, 1792–1822）でした。のちに見ますように、ローティは、他のロマン派詩人の視点とともに、特に「詩は〔……〕知識の中心であるとともに外周である」というシェリーの言葉を取り上げ、これらを軸に、ロマン主義的感性について論じようとします。

シェリーは、イングランド南東部、ブロードブリッジ・ヒース（Broadbridge Heath）のフィールド・プレイス（Field Place）に、貴族の長男として生まれました。一八一〇年にオックスフォードのユニヴァーシティー・コレッジに入学しますが放校になり、以後、波乱に富んだ人生を送ります。一八二二年にイタリア沖を自身の帆船で航行中、暴風雨のため船が沈没、短い生涯を閉じました。遺体はローマのプロテスタント墓地に葬られました。

シェリーは詩論を残しています。「詩の擁護」（"A Defence of Poetry"）です。一八二一年に書かれ、死後一八四〇年に出版されました。この試論の中に先ほどの言葉が出てきます。少し長く引用すると、次のようになっています。

詩は〔……〕神的ななにかである。それは知識の中心であるとともに外周である。それは科学のすべてを含み、しかも、すべての科学はそれを頼りとしなければならない。それは他のすべての思考体系にとって、根であると同時に花である。それはあらゆるものの起源であり、あらゆるものを飾る。そして、それはもし枯れてしまえば、その果実や種子を断ち、不毛の世界は命の木の若枝の育成とその継承を失う。（シェリー「詩の擁護」より）

ここでは「詩」が主語になっていますが、それを、詩

パーシー・ビッシュ・シェリー

を形成する私たちの「想像力」と言い換えていいことは、ご理解いただけると思います。実際シェリーは、その詩論の中で、詩という言葉は「「《想像力》の表現」と定義してよいであろう」と言っています。そして、その想像力を、科学も含めて「他のすべての思考体系にとって、根であると同時に花である」と言っているのです。また彼は、「道徳的善の偉大な道具は想像力である」として、想像力を極めて高く評価し、加えてその試論の最後では、「詩人は、公認されてはいないものの、世界の立法者である」と述べています（このあたり、前章に述べた後期ハイデッガーの見解と通じるものを感じ取られる読者もおいでになるかもしれませんね。因みに、「詩人は、公認されてはいないものの、世界の立法者である」というシェリーの言葉は、前章「詩と政治」のローティからの二つ目の引用箇所に、「公認されてはいないものの、社会の立法者である」という形で出てきます。）

ところで、右の引用箇所でシェリーは詩を「神的ななにか」とした上で、「それは知識の中心であるとともに外周である」としていました。神を球に喩え、それを「中心」と「外周」という言葉を用いて表現する手法は、古くから見られます。例えば、一二世紀に成立したとされる、『二四人の哲学者の書』（*Liber XXIV philosophorum*）には、神の定義の第二として、

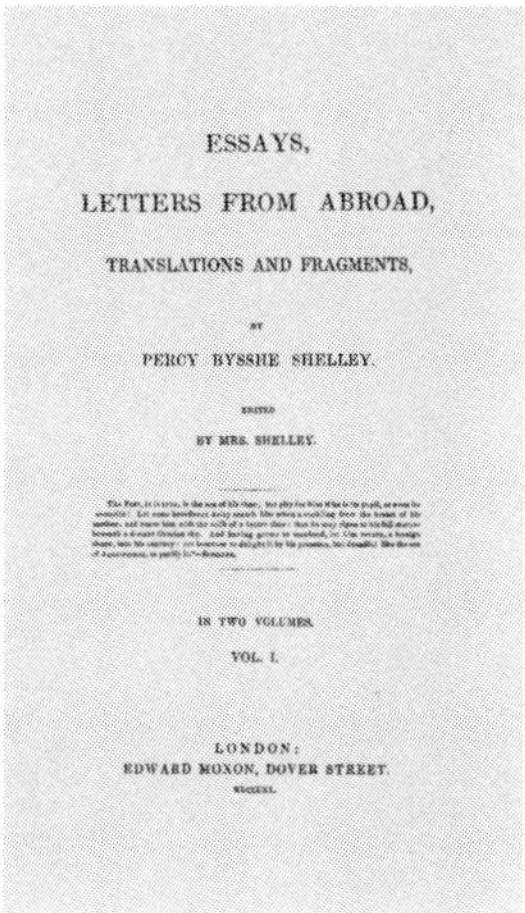
ESSAYS,
LETTERS FROM ABROAD,
TRANSLATIONS AND FRAGMENTS,
BY
PERCY BYSSHE SHELLEY.
EDITED
BY MRS. SHELLEY.
IN TWO VOLUMES.
VOL. I.
LONDON:
EDWARD MOXON, DOVER STREET.

「詩の擁護」が掲載された『随筆、外国からの手紙、翻訳、断章』（1840年）の扉

神は、その中心がいたるところにあり外周がどこにもない無限の球である。（Deus est sphaera infinita cuius centrum est ubique, circumferentia nusquam.）

というのが出てきます。のちに、ドイツの神学者ニコラウス・クザーヌス（Nicolaus Cusanus, 1401-1464）は、この定義を承けて、『学識ある無知について』（*De docta ignorantia*［1440］）の中で次のように述べています。

そのため、世界の機械仕掛けはいわばその中心をいたるところに持ち、外周をどこにも持たないだろう。というのも、いたるところにいてどこにもいない神が、その外周であり中心だからである。（Unde erit machina mundi quasi habens undique centrum et nullibi circumferentiam, quoniam eius circumferentia et centrum est Deus, qui est undique et nullibi.）（Liber secundus, Capitulum XII）

また、クザーヌスのその書には、「まさしく神においては中心と外周が一つであるように〔……〕」（sicut centrum et circumferentia sunt unum in Deo ...）（ibid.）とか、「彼〔キリスト〕は知性的自然本性の中心であるとともに外周である〔……〕」（Ipse［Christus］centrum atque circumferentia intellectualis naturae est ...）（Liber tertius, Capitulum VIII）とかいった言葉も見られます。

「プラグマティズムとロマン主義」

さてさて、これでようやく、ロマン主義とローティとの関係について語る準備が整いました。ローティはいくつかの論文においてロマン主義について語っています。その一つに、二〇〇五年の「プラグマティズムとロマン主義」（"Pragmatism and Romanticism"〔2005〕）があります。私はこれまでローティを特にプラグマティストと位置づけて語ることはほとんどしませんでしたが、当のローティは、自分の思想をプラグマティズムだと思っています。私がローティの思想に「プラグマティズム」という言葉を適用するのをあえて避けているのは、その言葉によって彼の思想があらかじめ枠づけされてしまうのを避けたいからです。それはともかく、ローティは、その論文の冒頭で、次のように述べています。

プラグマティズムの核心をなすのは、真理の対応説と、真なる信念は実在の正確な表象〔写し〕であるという考えを受け入れるのを、拒否することである。ロマン主義の核心をなすのは、想像力は理性よりも優位に立つというテーゼ――理性はただ想像力が切り開いた道をたどることができるだけだという主張――である。これら二つの運動は、いずれも、人間がしっかりと捉えなければならない人間ならざるなにかがそこにあるという考えに対するリアクションである。（ローティ「プラグマティズムとロマン主義」より）

ここでローティは、「真理の対応説と、真なる信念は実在の正確な表象〔写し〕であるという考えを受け入れるのを、拒否すること」がプラグマティズムの核心だと言っています。

真理の対応説

真理の対応説は、真理の「模写説」とも言われます。英語では correspondence theory of truth です。「私たちの考えや発言が真であるのは、私たちの考えや発言とは関わりなく定まっているものにそれがぴったりと対応している場合である」という考えのことです。一方には私たちの考えや、それを言葉で表現した発言があります。そして、他方には、私たちがどう考えようと関係なく定まっているなにかがあると考えるのです。その定まったなにか。それについては、宇宙のあり方であったり、宗教的真理であったり、人生の意味であったり、さまざまなものが考えられてきました。私たちの考えとは関係なく定まっているなにか。それを私たちの考えがきちんと捉えているのなら、その考えは正しいというのです。ある意味、わかりやすい考え方ですよね。

西洋を例にとりますと、この考え方、古代ギリシャのアリストテレス（Ἀριστοτέλης, 384–322 B.C.）の『形而上学』に出てきます。彼は、「あるものをあると言い、ないものをないと言うのが真である」と言っています。また、アリストテレスのファンだった中世の神学者トマス・アクィナス（Thomas Aquinas, 1225/1227–1274）も、『神学大全』で、「真理とは、物と知性の合致である」

（Veritas est adaequatio rei et intellectus ウェーリタース・エスト・アダエクァーティオー・レイー・エト・インテッレクトゥース）と言っています。

あ、それって、「自然の鏡」じゃありませんか？　そうです。そのとおりです。真理の対応説の受け入れ拒否は、つまり、「自然の鏡」的人間観・知識観の拒否なのです。

批判的検討

この「真理の対応説」という考え方、一番簡単な批判は、次のようになります。ぴったり合っているか合っていないか、対応しているかしていないかは、二つのものの間の関係ですよね。つまり、「二項関係」です。二つのものの間の関係ですから、それが成り立っているかどうかを知るには、その二つのもののどちらもがちゃんとわからなければなりません。私たちの考えや発言は、自分の考えや発言ですから、どういうものかよくわかっているとしますと、問題はそれらとは関わりなく定まっているとされるなにかです。

例えば私たちの考えや発言とは関わりなく成り立っている宇宙のあり方。これがどういうものであるかを語ろうとすると、私たちは結局自分の考えを述べてしまいます。その定まったなにかが宗教的真理である場合にも、私たちは結局自分が宗教的真理であると思っているものを述べてしまいます。自分たちの考えが真であるかどうかをチェックするために、自分たちの考えとは関わりなく成り立っているものを確認しようとすると、それは結局のところ、自分たちの考えを述べることにならざるをえないようです。

このように、真理の対応説という考え方は、一見もっともらしいのですが、よく考えてみますと、定まったなにかを自分たちの考えを抜きにして捉えることができなければ成り立たないことがわかります。

《実在》へのこだわりと「デカルト的不安」

そこで、もう一度先ほどの引用に戻りますと、ロマン主義については、その核心は、「想像力は理性よりも優位に立つというテーゼ——理性はただ想像力が切り開いた道をたどることができるだけだという主張——である」とローティは言っていましたよね。そうなんです。先に見たとおり、ロマン主義の詩人たちは想像力に重きを置きました。「理性はただ想像力が切り開いた道をたどることができるだけだ」というのはおもしろいですよね。つぎつぎと道を切り開いていくのは想像力だというのです。

ローティは、これを考察するにあたり、まず、形而上学者がなぜ絶対的な「実在」にこだわるのかを論じます。

ある知的グループにおいては、《実在》の究極の本性は原子と空虚だという一般的合意を得ることができる。他の知的グループにおいては、それは非物質的、非時空的な、神的存在であるというコンセンサスを得ることができる。形而上学者の間での《実在》の本性に関する争いが滑稽に見えるのは、彼らの誰もが自分の好みのもののいくらかを自由に選び、それらが存在論的特権を持つと主張するからである。(ローティ「プラグマティズムとロマン主義」より)

実在を《実在》と表現しているのは、先ほどと同じように、英語のもとの言葉が大文字から始まっていることを示します。この場合、大文字で始まっているということは固有名詞化しているということで、他にはないまさしく実在そのものを意味します。それは言い換えますと、それ自体で定まったもののことです。ですから、ローティはここで、それ自体でそのように定まっているあの「自然」のことを言っているのです。

なぜある人々はそのような《実在》へのこだわりを持ち続けるのか。それについてローティは、次のように解説しています。

存在論がポピュラーであり続けているのは、われわれが、思考に限界を設けるのは想像力であるというロマン主義者の主張に、いまだ屈する気になれないからである。古代にあった哲学と詩の争いと、もっと最近の科学的文化と文学的文化の争いのいずれにおいても、想像力が本当にいくところまでいって、とんでもないことになりはしないかという、哲学者と科学者の懸念が、その核心にある。この懸念はまったくもっともである。というのも、想像力は言語の源であり、思考は言語なしには不可能だからである。この主張に対する反感から、哲学者は言語の使用に媒介されない、言語の使用に先立つ実在に到達しなければならないという強迫観念にとりつかれる。(ローティ「プラグマティズムとロマン主義」より)

ここに、ある種の不安があることは、わかりますよね。《実在》にこだわる人々も、うすうす想像力が優先することがわかっていながら、想像力に頼るととんでもないことになりはしないかという不安を持つのです。

この不安は、実はデカルトにも現れていたものです。すべてを疑い、絶対に確かなものを求めなければならない。このような見解の背後には、確かなものを持たなければどうにもならないという不安があります。この不安は、「デカルト的不安」(**Cartesian anxiety**)と呼ばれています。

理性再考

ローティは、《実在》にこだわる形而上学者を悪い考えから救うため、次のように提案します。「理性」とは、真理を得る能力ではなくて、暴力に訴えてではなく、言葉をある仕方で用いて、他の人にある社会的行為をさせる能力だと考えるべし、と。人々が共通に認めている振る舞いの仕方を、言葉を用いてさせること。これが「理性」の役割だと言うのです。言い換えますと、同じ共同体の中で、その共同体で当然視されている振る舞い方ができると、それが「理性的(合理的）」だと見られる、というのです。社会によって、当然視されている社会的な振る舞い方に違いがあるので、ある社会で「理性的（合理的）」とされていることが、別の社会では「不合理」だと考えられることもありえます。

「言葉を用いて」を強調しましたが、言語は、それぞれの社会で、それぞれの仕方で使用されるもので、それが意味することには、それを使って生きてきた人々の意思が強く反映しています。ですから、言葉を用いて互いにある社会的振る舞いをするよう促すのが理性の役割で、その社会で求められている社会的振る舞いをすることが「理性的（合理的）」であるとすれば、時代や地域によって「理性的（合理的）」とされることが異なっていても、それは当然のことなのです。

そうすると、ある社会が他の社会よりも「理性的（合理的）」であるという考えは、その判断基準となるものが人間社会の現実のあり方とは別に定まっているという考えを前提していることになります。それはつまり、自分たちの歴史を含む「言語」から逃れようとするものにほかならない。そうローティは見るのです。

想像力再考

理性をそのように読むのに合わせて、ローティは想像力については次のように見ることを提案します。

われわれは想像力を、心像を生み出す機能と見るのではなく、印や声の好都合な新たな用法を提案することによって社会的実践を変える能力と見るよう試みるべきである。単に空想的というのとは違って想像的であるためには、新しいことをするとともに、その新しいことが仲間に受け入れられる――彼らの物事の進め方に組み込まれる――幸運に恵まれなければならない。空想と想像力の区別は、仲間が取り上げ使用することのない新しいものと、仲間が取り上げ使用する新しいものの区別である。なにかに使い、有効に利用することができないような新しいものを考え出す人のことを、われわれは愚かだとかおかしいとか言う。役に立つと思われる考えを提出する人のことを、われわれは天才だと称える。ソクラテスやニーチェのような人々が、同じ時代のある人々には変人に見え、別の人々には英雄に見えるのは、そのためである。（ローティ「プラグマティズムとロマン主義」より）

ここでローティは、想像力のもとの意味「心像を生み出す機能」に言及しながら、別の読みを提案しています。その提案が、ずいぶんとロマン主義的であることはわかりますよね。「印や声の好都合な新たな用法を提案することによって社会的実践を変える能力と見るよう試みるべきである」とローティは言っています。それはつまり、言葉を新たな仕方で使い、社会的な振る舞いの仕方を変える能力としてそれを見よということです。

ローティは、言語のあり方と役割について、次のように述べています。

私が素描している人間の能力の説明からすれば、力ではなく説得によるというのは、ビーバーのダムに匹敵するイノベーション〔刷新〕である。言語とは、われわれは身体的強制ではなく声を使って――力ではなく説得によって――他の人間に協力させることができるということがある天才にわかり始めたときに始まった、社会的実践である。言語は、人々がすでに考えていたものに名前を付けることによって始まったのではなく、原ビーバーが枝や泥を新しいやり方で移動させることによってダムを造るという実践を始めたのとちょうど同じように、原人が声を新しいやり方で使うことによって始まったのである。それから何千年もの間、言語は拡張され、いっそう融通の利くものになった。これは、具体的対象の名前に抽象的対象の名前を加えることによってなされたのではなく、切迫した環境事情と直接つながらないような仕方で印や声を使う方法を見つけ出すことによってなされた。具体的なものと抽象的なものの区別は、知覚を報告するのに役立つ表現とそうした使用に適さない表現の区別でしかない。どの表現がどれにあたるかは、状況によって変化する。

この見解によれば、「引力」や「不可譲の人権」のような表現は、測りがたい本性を持つ存在者の名前と見るべきではなく、さまざまな天才に使用されることによってより大きいよりよい社会的実践を生み出すに至った声や印と見るべきである。知的、道徳的進歩とは、先行する目標に次第に近づくことではなく、過去を超えることである。芸術や科学は何千年もの間に進歩したが、それはわれわれよりももっと独創的な祖先が、種子や粘土や金属鉱石だけでなく、声や印を用いて新しいことをしたからである。（ローティ「プラグマティズムとロマン主義」より）

ローティの言葉の真意は、おわかりいただけると思います。ビーバーがダムを造り始めたように、人間もこれまでさまざまな新たなやり方、生き方を試みてきました。「知的、道徳的進歩とは、先行する目標に次第に近づくことではなく、過去を超えることである。」これがローティ思想の神髄です。このように、想像力に牽引されて人間の進歩があったとするなら、これはまさにロマン主義の精神にほかなりません。

エマソン

ところで、ローティはこの論文「プラグマティズムとロマン主義」で、ロマン主義の精神に連なる人物として、エマソンとニーチェに言及しています。彼らについて、少しお話ししておきたいと思います。

まず、エマソンです。

ラルフ・ウォールドウ・エマソン（Ralph Waldo Emerson, 1803-1882）は、一八〇三年にアメリカ合衆国マサチューセッツ州ボストンに、ユニテリアン派の牧師の子として生まれます。七歳のときに父を亡くし、母親に育てられ、一四歳でハーバード大学に入学、一八二一年、一八歳のとき、卒業祝賀会で学級詩人として詩を発表します。卒業後兄の学校を手伝い、ハーバード大学神学部で学んだあと、一八二九年にボストン第二教会の牧師となり、エレン・ルイーザ・タッカーと結婚しますが、やがて妻を亡くし、教会のあり方に疑問を持ち、一八三二年に牧師を解任されます。

一八三三年にエマソンはヨーロッパを旅し、ジョン・スチュアート・ミルやトマス・カーライル、ワーズワース、コウルリッジに会っています。

帰国後、彼は母とマサチューセッツ州ニュートンに住み、一八三四年には同州コンコードに移ります。翌年、リディア・ジャクソンと再婚します。

この一八三〇年代前半に、エマソンは講演者として生きることを決意します。一八三六年には『自然』(*Nature*)を出版、翌年にはのちに「アメリカの学者」("The American Scholar")と改題される講演を行っています。また、一九三六年に、フレデリック・ヘンリー・ヘッジ(Frederic Henry Hedge, 1805–1890)らとともに、知識人の定期的な集まりであるいわゆる「超越論クラブ」(Transcendental Club)を立ち上げ、同じ頃、ヘンリー・デイヴィッド・ソロー(Henry David Thoreau, 1817–1862)と知り合い、親交を結びます。

ラルフ・ウォールドウ・エマソン

ローティは、論文「プラグマティズムとロマン主義」の中で、プラグマティストのウィリアム・ジェイムズ（William James, 1842–1910）とエマソンの関係に言及し、さらに、エマソンとシェリーとコウルリッジの関係について、次のように述べています。

ジェイムズがエマソンに倣ったように、エマソンはシェリーとコウルリッジに倣おうとした。彼らもまた、人々は神への恐れや《理性》の光の中を歩むのではなく、次の時代の予言として歩むべきだと力説していた。シェリーは「詩の擁護」の中で、「詩」という言葉の意味を故意にかつ明確に拡張した。その言葉は「「《想像力》の表現」と定義してよいであろう」と彼は言った。このより広い意味において、詩は「人間と起源を同じくし」、「動かされることなく動かす力」であるとシェリーは続けた。それは「神的ななにかであり〔……〕知識の中心であるとともに外周である。それは科学のすべてを含み、しかし、すべての科学はそれを頼りとしなければならない。それは他のすべての思考体系にとって、根であると同時に花である。」啓蒙が《理性》を大文字化し神格化したのとちょうど同じように、シェリーをはじめとするロマン派の人々は《想像力》を大文字化し神格化したのである。（ローティ「プラグマティズムとロマン主義」より）

ローティが引用しているシェリーの言葉のいくつかは、すでに見たとおりです。ここでローティは、自らのそれを含むプラグマティズムのロマン主義的思想の系譜が、エマソンを経由してさらにシェリーやコウルリッジに連なっていることを強調しています。

またローティは、この発言に先立って、エマソンの随筆「円」(*Circles*〔1841〕)から、次の箇所を引用しています。

人生は、拡大し続ける円である。それは目に見えないほど小さい輪から、勢いよく全方向に広がって新たなより大きな円に至り、終わることがない。このように輪の外へ外へと更なる円をどれほど生み出せるかは、個人の魂が持つ力や真理に依存する。〔……〕いずれの最終的な事実も、新たな一連の事実の始まりでしかない。〔……〕われ[傍点]われ[傍点]に[傍点]は[傍点]、外部も障壁も外周もない[傍点]。人が自分の物語を終える。――なんとすばらしいことか。なんと決定的なことか。物事のあり方をなんと一新することか。〔ところが、〕見よ。あちら側ではまた〔別の〕人が立ち上がり、われわれが球の輪郭だと断言したばかりの円の周りに円を描く。そのとき、最初の話し手はすでに人ではなく、最初の話し手にすぎない。彼を救う唯一の手立ては、自分の競争相手の外側にすぐさま円を描くことである。〔……〕明日の思考には、あなたの信条のすべてを、あらゆる信条を、民族の文学のすべてを、覆す力がある。〔……〕人々は、次の時代の予言として歩む。

(エマソン「円」より。強調はローティによる)

エマソンのこの言葉から、それが、私たち自身が限りなく自らを成長させ、次の世代にとっての出発点となるという、ローティ的精神の表現そのものであることを見て取っていただけると思います（エマソンが使用している「円」もしくは「球」、そして「外周」といった言葉が、シェリーの言葉を想起させることは言をまちません）。

ニーチェ

次に、もう一人、ローティが論文「プラグマティズムとロマン主義」で言及した人物として、ニーチェ（Friedrich Wilhelm Nietzsche, 1844–1900）を見ておきましょう。ローティは彼について、例えば次のように述べています。

ニーチェはよりよい詩を書いたと私は確信している。私が見るように、ロマン主義運動はギリシャの哲学者たちが語った物語をもっとよい物語に置き換えようとする試みの始まりであった。人間がなぜかそれから遠ざけられるようになってしまったなにか――それ自身は人間が創造したものではなく、人間の創造物のすべてを超えそれらと対立するなにか――にどのようにして触れることができるようになるかということが、古い物語のテーマであった。人間はよりよい人間の未来を創造するためどのようにして人間の過去を乗り越えようと繰り返し努力するかが、新たな物語のテーマである。（ローティ「プラグマティズムとロマン主義」より）

ここでローティは、もう一度、それ自身で定まったものとの接触を語る「古い物語」に、新たな創造によって過去を乗り越える「新たな物語」を対置し、ニーチェの書いた「よりよい詩」を後者に重ねています。またローティは、ニーチェの『楽しい知識』（*Die fröhliche Wissenschaft* [1882, 1887]）第二九九節から「自分自身の人生の詩人」（die Dichter unseres Lebens ディー・ディヒター・ウンゼレス・レーベンス）になるようにとの勧めをドイツ語で引用し、さらに、ニーチェとエマソン、エマソンとイギリスロマン派詩人とのつながりを示唆しています。

ニーチェとエマソン

章を終える前に、ニーチェとエマソンのつながりについて、お話ししておきたいことがあります。

ニーチェは『楽しい知識』（*Die fröhliche Wissenschaft*）第一版（一八八二年刊）の扉で、モットーとしてエマソンの次の言葉を掲げていました。

「詩人と賢者にとっては、すべてのものが親しく聖なるものであり、すべての体験が有益で、すべての日々が神聖で、すべての人々が神的である。」エマソン（ニーチェ『楽しい知識』第一版扉より）

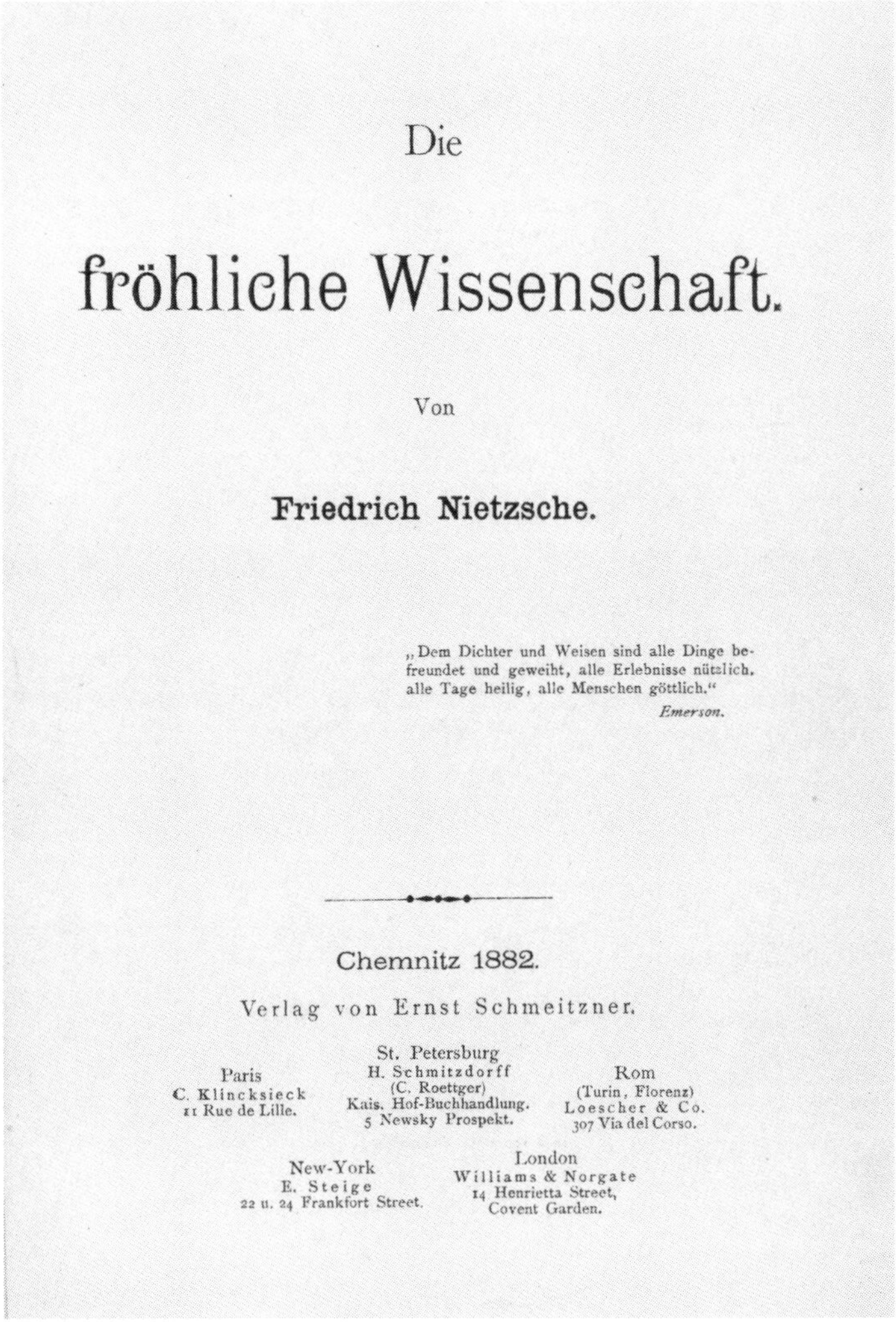

Die

fröhliche Wissenschaft.

Von

Friedrich Nietzsche.

„Dem Dichter und Weisen sind alle Dinge befreundet und geweiht, alle Erlebnisse nützlich, alle Tage heilig, alle Menschen göttlich."
Emerson.

Chemnitz 1882.

Verlag von Ernst Schmeitzner.

Paris
C. Klincksieck
11 Rue de Lille.

St. Petersburg
H. Schmitzdorff
(C. Roettger)
Kais. Hof-Buchhandlung.
5 Newsky Prospekt.

Rom
(Turin, Florenz)
Loescher & Co.
307 Via del Corso.

New-York
E. Steige
22 u. 24 Frankfort Street.

London
Williams & Norgate
14 Henrietta Street,
Covent Garden.

ニーチェ『楽しい知識』第1版（1882年）扉

ニーチェが引用したのは、エマソンの「歴史」（"History"［1841］）の中の一節です。このことからもわかるように、ニーチェはエマソンを崇拝していました。

もう一つ、ニーチェとエマソンの緊密な関係を示すものがあります。ニーチェは『楽しい知識』第二版（一八八七年刊）において、ドイツ語の表題に **la gaya scienza**（ラ・ガヤ・シエンサ）というオック語の表現を加えています。ヨーロッパ中世のオック語（主としてフランス南部で使用される）の抒情詩人もしくはその叙情詩を歌う人々である「トルバドゥール」（Troubadour）が、自分たちの詩をオック語で「ラ・ガヤ・シエンサ」（楽しい知識）と呼んでいました。ニーチェのその本のドイツ語名 ***Die fröhliche Wissenschaft***（ディー・フレーリッヒェ・ヴィッセンシャフト）はこれに由来し、さらにニーチェは、第二版で、もとの言葉をドイツ語表題に書き加えたのです。

これについては、再びエマソンのことを想起しなければなりません。というのも、エマソンは、一八七六年六月二八日のヴァージニア大学での講演「学者」（"The Scholar"［1876］）において、次のように述べているからです。

慎重かつ憂鬱な世代における学者の職務というのは、とりわけ、（中世に詩人がそう呼ばれたように）《楽しい知識を述べる人》（Professors of the *Joyous* Science）であり、神秘的調和と隠された美を発見しそれを生き生きと描写する人であり、礼節と高潔さと学識と知恵を伝える人であ

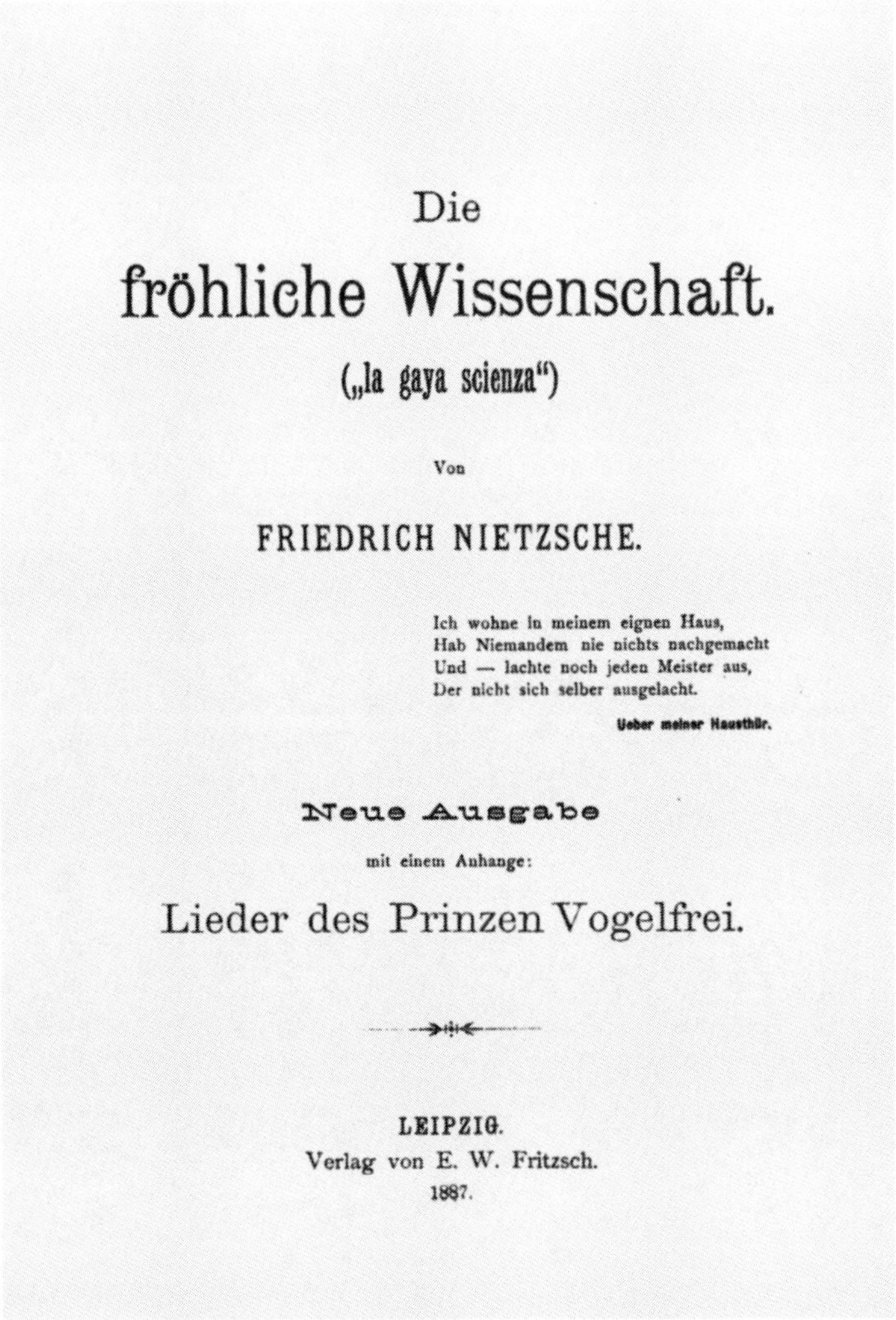
Die

fröhliche Wissenschaft.

(„la gaya scienza“)

Von

FRIEDRICH NIETZSCHE.

Ich wohne in meinem eignen Haus,
Hab Niemandem nie nichts nachgemacht
Und — lachte noch jeden Meister aus,
Der nicht sich selber ausgelacht.

Ueber meiner Hausthür.

Neue Ausgabe

mit einem Anhange:

Lieder des Prinzen Vogelfrei.

LEIPZIG.
Verlag von E. W. Fritzsch.
1887.

ニーチェ『楽しい知識』第2版（1887年）扉

り、一つの法則を肯定するとは言え、それを音楽やダンスにおいて肯定する人々のように肯定する人でなければならないと、私は思います。（エマソン「学者」より）

それればかりか、エマソンは自分のことを繰り返し「楽しい知識を述べる人」と呼んでいました。ニーチェが自らの書物を『楽しい知識』と題したのは、少なくともエマソンとの関わりがあってのことなのです。

実は、ニーチェとエマソンとの関わりは、彼がポルタ学院（Schulpforta シュールポルタ）に在学したときに始まります。ニーチェがそこに在学したのは一八五八年から一八六四年にかけてのことでした。彼は学友カール・フォン・ゲルスドルフ（Carl von Gersdorff, 1844–1904）からエマソンの随筆を紹介され、すぐにエマソンの熱烈なファンになってしまいます。そして、それからの生涯をエマソンのファンとして過ごすことになったのです。

こうして私たちは、ニーチェからエマソンへ、そしてイギリスのロマン派詩人たちへと、ローティ的なロマン主義の感性の系譜を遡っていくことができるのです。

以上は、ローティがロマン主義について語っていることのまだまだ一部です。しかし、ローティの主張の核心は、十分にご理解いただけたのではないでしょうか。言語論的転回批判でも自然の鏡批判でもそうなのですが、人間は放っておくと何をするかわからないので手枷足枷が必要だという考え方に対して、彼は徹底抗戦しようとします。その姿勢は、自らを信じ、際限なく自己を変革しようとするロマン主義と、表裏一体をなしています。

さて、ローティについて語るべきことはまだまだあるものの、章を改めて、最後に彼の政治的見解を見ておきたいと思います。これもまた、自然の鏡批判やロマン主義の感性としっかりとつながった話題です。

第7章

社会正義

社会的不正義との戦い

本章を始めるにあたり、第1章で引用したローティの言葉を、もう一度引用してみます。

私は成長するにつれて、まともな人々はみな、トロツキストではないにしても少なくとも社会主義者だと、わかるようになった。〔……〕資本主義が克服されなければ貧しい人々はいつまでたっても虐げられたままだとわかった。一二歳の冬に私は無給の使い走りで、新聞発表の原稿を、グラマシー・パーク脇の労働者保護連盟の事務所（私の両親はそこで働いていた）から、目と鼻の先にあるノーマン・トマス（社会党の大統領候補）の家へ、それからまた一二五番街のプルマン寝台車乗務員組合のA・フィリップ・ランドルフの事務所へと運んだ。地下鉄の中で、私は、自分が運んでいる書類をよく読んだものである。〔……〕そんなわけで、私は一二歳で、社会的不正義と戦って生きていくのが人間なのだと知った。（ローティ「トロツキーと野生の蘭」より）

ローティが、論文や著書にはあまり書かないものの、現実の政治状況に深くコミットしていたことは、彼に近い人々の間ではよく知られています。また、両親が、党員ではなかったものの、一時的にもせよアメリカ共産党に近いところにいたことや、父ジェイムズが、デューイ委員会のトロツキーに対する聴聞会に関わっていたことは、第1章で説明したとおりです。ローティの政治姿勢は、アメリカでは明らかに左翼で、民主党を支持しマイノリティー擁護の立場が鮮明なのですが、我が国でかつて彼のことが「良質の保守派」とは評価されたものの左翼と見られなかったのは、マルクスに対する彼のスタンスに原因があるのかもしれません。左翼なのに、マルクスはあまり評価しないのです。

本章では、そのことも含めて、ローティが見せる現実との関わりの思想的な面について見ておきたいと思います。

マルクス

まず、ローティのマルクス観を見ておきましょう。

ローティのマルクス観がよくわかるのは、ジャック・デリダの『マルクスの亡霊』（**Jacques Derrida**, *Spectres de Marx*〔1993〕英訳 *Specters of Marx*〔1994〕）の書評、「亡霊が知識人に取り憑いている――デリダのマルクス論」（"**A Spectre is Haunting the Intellectuals: Derrida on Marx**"〔1995〕）です。もとよりデリダの本の表題もそうなのですが、書評の表題は、カール・マルクス（**Karl Marx, 1818–1883**）がフリードリッヒ・エンゲルス（**Friedrich Engels, 1820–1895**）と準備し一八四八年に公にした『共産党宣言』（*Manifest der Kommunistischen Partei*〔1848〕）の冒頭部分に因んでいます。その宣言は、次のように始まっています。

『共産党宣言』（1848年）

亡霊がヨーロッパを徘徊している〔亡霊がヨーロッパに取り憑いている〕。共産主義という亡霊が。（Ein Gespenst geht um in Europa—das Gespenst des Kommunismus.）

そのようなわけで、「亡霊」つながりの三つの書き物なのですが、ローティはその書評で次のように述べています。

> 私の世代のアメリカの左翼の人々は、一般にマルクスのことを、一九世紀の資本主義が生み出した不正義を誰よりもうまく説明した人だと思っている。しかし、残念なことに、彼は、その洞察力に富む経済的・政治的分析を、多数の内容のないヘーゲル主義的見解と一緒くたにしてしまった。一九世紀の最良の政治経済学者が、たまたま哲学を専攻し、それを十分に克服できなかったのは残念である。シドニー・フックの言うように、デューイはヘーゲル哲学の中の救うに値するものをすべて救い出したが、マルクスがデューイやヴェーバーをはじめとする社会民主主義の哲学者に付け加えたのは、富裕層が貧困層を無力化するために使う手を辛辣にこと細かく語り、現状を擁護する人々の偽善を暴露するための有益な示唆をいくつか与えることだ

けだったのではないかと、われわれはうすうす感じている。そのため、マルクスは新たな科学を発見したというアルチュセールの主張に対しては、まったく信じがたいというのが英語圏の大方の反応であった。われわれ英語圏の人間は、実存主義はマルクス主義内部の飛び地にほかならないというサルトルの主張に対しても、同じ反応を示してきた。（ローティ「亡霊が知識人に取り憑いている――デリダのマルクス論」より）

このように、ローティはマルクスの評価すべきところは評価しながら、全体としてはあまり高い評価はしていません。

このことは、ローティがポーランド出身の哲学者レシェク・コワコフスキの次の発言に賛同してそれを引用していることからも、理解できるところです。

歴史はいつか完成に至り、社会主義は必然であり、もろもろの「社会構成体」が本性上の順序に従って継起するという黙示録的信念、「プロレタリア独裁」、暴力の称賛、産業を国有化すれば自ずとその効果が現れるという確信、争いのない社会と貨幣のない経済についての幻想――これらはすべて、民主主義的社会主義の考えと共通するものではない。民主主義的社会主義の目的は、生産の利益への従属を次第に減じ、貧困をなくし、不平等を少なくし、教育の機会を妨げる社会的障壁を除去し、国家の官僚機構が民主的なもろもろの自由に与える脅威と全体主義の誘惑とをできるだけ少なくすることができる諸制度を生み出すことにある。（レシェク・コワコフスキ『マルクス主義の主潮流』第三巻より）

引用前半に挙げられているのが、マルクスの考えです。ですから、ローティに言わせれば、コワコフスキは「マルクスを社会主義の象徴とは見ず、社会主義の妨げと考えている」のであって、これは英語圏のたいていの社会民主主義者が考えていることだとローティは言います。なぜマルクスが社会主義の妨げなのか。これについて、ローティは次のように述べています。

これは、単にマルクスが哲学に囚われすぎていたからでも、残虐な圧制者に刃向かうならず者集団に不運にも表看板として担ぎ出されたからでもなく、こうしたさまざまな仕事をする諸制度をどのように作っていけばいいかについて、彼が多くを語らないからである。マルクスが行ったほぼ唯一の建設的な提案である私有財産の廃止は試みられたものの、効果はなかった。そのため、今、デリダの言う「政治的要請」――古い要請、すなわち富める者が貧しきものから盗み続けるのを阻止せよという古い命令よりも、もっと具体的でもっと斬新な要請――をマルクスの中に見出そうとしても、うまくはいかない。（ローティ「亡霊が知識人に取り憑いている――デリダのマルクス論」より）

こうした理由から、デリダが『マルクスの亡霊』の中でマルクスを持ち上げるに比例して、ローティはそれを手厳しく批判することになります。

それでは、ローティ自身は社会に対してどのような姿勢をとるのでしょうか。

改良主義的左翼としてのローティ

ローティは、一九九八年に刊行された『われわれの国を実現する』（*Achieving Our Country* [1998]）において、自らの政治的立場を「改良主義的左翼」（**Reformist Left**）と規定し、資本主義を打倒しなければならないと考える者だけを「左翼」と見なすのはやめなければならないと主張します。

マルクス主義者は自由主義の立場に立つ者を「自己欺瞞的ブルジョア改良主義者」として非難し、革命的プロレタリアートこそが徳の体現者であるとしました。この考えに立つと、ブルジョア改良主義者は、本人の意思とは関わりなく、「客観的には反動」であることになります。しかし、ローティによれば、マルクス主義は、人々に完璧であることをあまりにも強く求め、そのためそれは一個の強権的宗教となり、かつてローマカトリックの教皇権と異端審問が多くのキリスト教徒にとって恐怖支配を象徴するものであったのと同じように、二〇世紀のマルクス主義は人々を恐怖政治のもとに置いたのです。

これに対して、ローティの言う「改良主義的左翼」は、富裕層が貧しい者を搾取し政治家を買収して国家を自らの利益によりいっそう適うようにしようとするのに抵抗し、富の再分配によって貧しい者にも希望が持てるよう社会を変革することを目指すものの、これを立憲民主主義の枠内で行おうとするところにその大きな特徴を持っています。

ローティのこうした捉え方からしますと、立憲民主主義の枠内で社会正義のために働こうとした人々は、みな、「改良的社会主義者」であり「改良主義的左翼」です。これに対して、ベトナム戦争を機に、こうした枠内では社会主義の実現はないと考えた人々が、「新左翼」（New Left）と呼ばれるべきであるとローティは考えます。

ローティのこうした語法からしますと、独占企業を攻撃する弁護士ルイス・ブランダイスを最高裁判事に任命したウッドロウ・ウィルソンも、労働者に労働組合に入るよう促したフランクリン・ローズベルトも、ベトナムの子どもの殺戮を容認しながらも合衆国の貧しい子どもたちのために手を尽くしたジョンソン大統領も、要するに、右翼が恐れたほとんどの人々が、「改良主義的左翼」に属します。そして、ローティ自身も、この系譜に立つことになるのです。

ローティのこうした立場をよりよく理解するには、彼自身が語る自らの生い立ちに目を向けるのがいいかもしれません。

第1章で述べましたように、ローティの両親は、久しくアメリカ共産党のシンパサイザーでしたが、アメリカ共産党がモスクワの強い統制下にあることを知って、党との関係を絶ちました。けれど、それでもなおローティの両親は、アメリカが偉大で高貴で進歩的な国であり、この国では正義が最後に勝利することを疑いませんでした。正義とは、ここでは、人並みの賃金と労働条件、それに、人種的偏見がなくなることを意味していました。

ローティの成長期に彼と関わりを持った人々が持っていたこうした考えは、ローティの思想に深い影響を与え、ベトナム戦争を機に分裂したアメリカの左翼思想においてローティの取るべき道にも、深い関わりを持つことになります。

アメリカの多くの知識人は、ベトナム戦争を残虐で不正な戦争と見るようになりました。そして、そうした知識人のうちのある者は、大学、労働組合、民主党内の、「リベラル」や「左翼」を自称する人々のことを、反共主義者であるがゆえにベトナム戦争に本当に反対する立場にはない、と考えるようになりました。彼らは、反共主義的でない左翼の形成を求めました。こうして、アメリカの左翼は、改良派（すなわち「旧左翼」）と急進派（すなわち「新左翼」）とに分裂することになりました。

新左翼は、国内においてアフリカ系アメリカ人が受けている屈辱と、国外で進行しているベトナム戦争は、根は同じであり、それらはいずれもアメリカの本質的な邪悪さによる、と考えるようになりました。それは、アメリカの本質に根ざしたものである限り、改良的手段によって正すことはできないと見なされたのです。ベトナム戦争当時のアメリカの知識人の中に芽生えたこうした考えは、若者たちに大きな影響を与え始め、この影響は、彼らの希望を失わせる結果をもたらします。自分の国が本質的に邪悪な帝国であるのなら、誰が自分の国に責任を持とうと思うでしょうか。

ローティは、左翼のこの分裂に対して、これを和解させたいと思っていました。一方でローティは、新左翼の活動がベトナム戦争を終わらせたのであり、新左翼が指導した広範な市民の抵抗運動がなければ、アメリカはいまだにベトナムに若者を送り、ベトナム人を殺し続けていたかもしれないと考えました。新左翼が街頭デモに繰り出さなかったなら、アメリカは立憲民主制を維持できなかったかもしれないとも、ローティは言います。新左翼がアメリカのためにしたことをけっして貶めてはならないと、ローティは主張しました。しかし、それでもなおローティは、アメリカが本質的に邪悪であり改良では対処できないという新左翼の見解に、正面から異議を唱えます。

アメリカの「本質」と二つの自己イメージ

本書のこれまでの話でご理解いただけると思うのですが、興味深いことに、ローティは、アメリカについての自分自身の見解を、アメリカに関するある真なる認識に基づくものとは見なしません。ここに、ローティの思想の際立った特徴の一つがあります。

アメリカの現状をどのように見るべきかについてのローティの主張そのものは、確かに、極めて明快です。例えば彼は、二〇〇六年に日本の思想誌『RATIO』のために用意してくれた「予測不能のアメリカ帝国」(“The Unpredictable American Empire”[2006])の中で、次のように述べています。

ブッシュのような人――国際協調主義的理想も社会正義の志も持たない無知で傲慢な大統領――は、アメリカが揺るぎない覇権を獲得したことの不可避の帰結だと、他国の人々は考えるべきではない。彼の登場は、あまりに運が悪かったということでしかない。ブリュノ・ラトゥールは（「トクヴィル、戻ってこい。彼らはおかしくなってしまった」という最近の論説で）ブッシュ政権を「ファッショ的軍事政権の非常に確かな特徴を持つものの、合衆国の過去をも未来をも象徴することのない政府」と記述しているが、この記述はあたっている。アメリカ国民はブッシュに好き勝手をさせているが、それはただ九・一一がアメリカ国民にトラウマを与えたからであるとラトゥールは考える。まったくそのとおりである。〔……〕トラウマの効果はいつか消えていくであろう。そして、われわれは、テロに対処するにテロをもってしようとは思わなくなるであろう。（ローティ「予測不能のアメリカ帝国」より）

こうした明快な主張にもかかわらず、彼自身は、そうした自説の基づくものについて、次のような考えを提示しています。

私のようなリベラルは、〔自分たちの勝利主義的な考え方〕を修正してもよいと思っているが、我が国の本性についての、暴露的な悲観的説明にそれを取り替えたいとは思わない。われわれは良きプラグマティストとして、我が国は歴史を持ってはいるが本性を持ってはいないと考える。その歴史は多くの異なる仕方で物語ることができる。だが、これらの物語は、我が国が本当は何であったかの説明にどれほど近づいているかに応じて等級をつけることができるものではない。これらの物語は、いずれも、我が国の根底に潜むその本性についての知識をわれわれに与えるものではない。この国は、いまなお、試行錯誤しながら自己形成を続けているのである。（ローティ「予測不能のアメリカ帝国」より）

注意すべきは、「我が国〔……〕の歴史は多くの異なる仕方で物語ることができる。だが、これらの物語は、我が国が本当は何であったかの説明にどれほど近づいているかに応じて等級をつけることができるものではない」という彼の言葉です。

ローティは、この論文において、先の旧左翼と新左翼の区別と並行するものとして、アメリカには二つの自己イメージが存在すると言います。一つは、「ますます増大する富と権力のために帝国となる危険に常にさらされている共和国」という自己イメージであり、もう一つは、「常に人種差別主義的で帝国主義的で偽善的であった国——道徳的卓越性を自負しながらその自負に値することのついぞなかった国」という自己イメージです。

これらの自己イメージは、さらに次のような見解と結びついています。前者、つまり、「ますます増大する富と権力のために帝国となる危険に常にさらされている共和国」という自己イメージのほうは、アメリカ国民がペンタゴンと企業からアメリカを取り戻すことを欲し、それによってアメリカが正気に戻り、その栄光の過去を辱めることのないよう行動することが可能である、という考えと結びついています。これに対して、後者、つまり、「常に人種差別主義的で帝国主義的で偽善的であった国」という自己イメージのほうは、アメリカは本質的に邪悪な国である、という考えと結びついています。

ローティに言わせますと、こうした二つの自己イメージには、歴史的成立過程があるだけで、そのいずれかが私たちの見解とは独立に厳然として存在しているアメリカの本当の姿により近い、ということはありません。彼のこうした見解は、先にお話ししました鏡的人間観批判を一つの支えとしています。その件については、次節でもう一度確認することにします。しかし、そうだとしますと、それぞれの自己イメージを抱く人のどちらかがより真であるということはなく、結局のところ、ローティの主張は、「なんでもいい」の相対主義を称揚するもののように見えるかもしれません。この件についても、どう考えるべきかの一端は先にお話ししたことなのですが、ここでもう一度その件について考えておきたいと思います。問題は、もしローティが相対主義者だとしますと、彼は例えばなぜ先ほど見たような明確かつ強力な発言を、アメリカの現状について行うことができるのか、ということにあります。

この問いに応えるためには、「予測不能のアメリカ帝国」におけるローティの哲学的主張が

『哲学と自然の鏡』等に認められる彼の主張としっかりと結びついていることに目を向けなければなりません。

解釈学的存在

ローティが「自然の鏡」という表現で提示した伝統的人間観は、人間は自らの思いとは関わりなく定まったなにかを忠実にあるがままに映し、それに従って生きるべきものだというものでした。

こうした人間観は、プラトンのイデア論の中にも、キリスト教の伝統的真理観の中にも見て取ることできます。人々は、それ自体として定まっているイデアを捉えることを求められ、また、神の言葉を忠実に受け入れることが求められました。ローティによれば、こうした人間観は、いわゆる「世俗化」の進行とともに、科学観のうちに取り込まれます。聖職者が人々の代表として神の意思をあるがままに受け取ることを責務としたように、科学者が、人々の代表として、自然のあるがままを捉える役割を担うとされるのです。こうして、時代は変わっても、相変わらず、人間は、人間ではないなにか――人間の思いとは関わりなく成立している真理や事実――を、おのれを無にして受け入れるものと見なされるのです。

しかし、おのれを無にしてただひたすら受動的に真理を映すことに徹すべきであるというこの人間観は、キリスト教内部の聖書解釈の伝統の中で培われた解釈学的考察が、その欺瞞を暴くことになります。私たちは、すでに手にしているさまざまな度合いの「理解」、ないしすでに持っている「ものの見方」に依拠することなしには、言葉や状況を理解することはできません。つまり、おのれを無にすることによっては、理解も認識も不可能となるのです。こうした考え直しは、いわゆる「解釈学的」哲学だけでなく、二〇世紀の「分析的」科学哲学や「分析的」言語哲学においても、確認されることになりました。例えば、すでに「存在」についてのある理解がなければ「存在」について問うことはできないとハイデッガーは言い、またノーウッド・ラッセル・ハンソンが言うように、私たちは「うさぎ」がどのようなものであるかを先になんらかの仕方で知ることなしには、なにかを「うさぎ」と見ることはできません。同様に、クーンの言うのが正しいとしますと、科学者はその時代に優勢な考え方（パラダイム）に従って自らの仕事を続け、そのパラダイムでうまくいかなくなれば、別の考え方を採用することによって、先へと進むのです。

私たちがこのような解釈学的存在であるとしますと、私たちにできることは、おのれを無にしようと努めることではなく、どのような考えを持てばよりよく生きられるかを考え、試してみることです。こうしてローティは、私たちはとりあえず正しいと信じていることから始めるしかないとし、そうした（ある意味であたりまえの）自分の立場を「自文化中心主義」と呼んだのです。

先に述べましたように、ローティの自文化中心主義は、自分たちの考えに頑強に固執する立場ではなく、その反対でした。自分たちの今の考えから始めるしかない。しかし、うまくいかなければ考え直すことにしようというのです。

創造性と希望

ローティの立場は、絶対的真理へと至る道を塞ぎ、私たちから希望を奪うものだと言う人がいます。しかし、絶対的真理に依拠しようという考え自体、二つの面を持っています。

もし絶対的真理だと信じているものがあって、その内容を語ろうとしますと、その場合には、私たちが今信じていることを語ることにしかなりません。絶対的真理は私たちの考えとは独立に成り立っているものであるはずなのに、それを語ろうとすると自分の見解を述べることになる。としますと、私たちは絶対的真理の内容を具体的に語ることはできないことになります。結局自分の今の見解を述べることになるからです。

しかし、それでもなお絶対的真理の存在を主張するのであれば、そうした行為はせいぜい、いつかそこに到れると信じて、希望を捨てずに努力しようという、励ましの言葉でしかなさそうです。その意味では、絶対的真理に依拠しようとすることは、私たちの希望とつながる面を持っています。

ところが、絶対的真理を標榜することは、実際には、極めて多くの場合、ある特定の考え方しか許さないという、人を抑圧する方向で機能してきました。絶対的真理の存在を主張する人々は、しばしば、自分たちの今の考えこそがそれであるとし、それとは異なる考えを圧殺しようとしたのです。

現状からしますと、そうした絶対主義の立場が持つ危険性については、多言を要しないと思います。しかし、それでもなお、ローティのように考えると、私たちの営みに空しさと不安を感じてしまう人もきっとおいでになると思います。けれども、ここでもまた、私たちの前にあるのは、なにかに依拠して決定的決着を見ることのなさそうな、私たち自身がたびたび直面している厄介な問題の一例なのです。人々を抑圧することを少しでもなくす方向に動くのか、それとも、他人を抑圧してでもなにかにすがって不安から解放されたいと願うのか。

こうした不安に対して、ローティはさまざまな提案を行っているように、私には思えます。その一つが、われわれは一人ではないという、「連帯」への道についての彼の考えです。ですが、ここではそれとは別の提案に目を向けたいと思います。それは、私たちが持つ創造性に希望をつなぐ道です。

かつて大学紛争の時代に、立場を異にする若者たちが、その立場の違いにもかかわらず、ともに現状に異を唱え、改革を求めたことがありました。異質のもののぶつかり合いの中で、そうした若者たちは、自らの変革の試みを実践せざるをえませんでした。そうした過去の具体的事例に依拠するまでもなく、実は、私たち自身、自分を変える可能性を常に持ちつつ、日々を生きています。さまざまな事情のために、あえて自分を変えようとしないことも常態ではありますが。ローティが語彙の複数性を論じるとき、彼の念頭にあるのは、その共時的複数性だけではありません。通時的複数性――つまり、私たちが自分の語り方を変える可能性――が、彼の念頭にはあるのです。このような語彙の変更は、私たちが何をよしとするかについて考えを変えること（自分自身を変える可能性）と、多くの場合連動しています。

一例として、自由権に加えて社会権が認められるに至った経緯が示すことを、取り上げてみることができます。自由がすべてであれば、持たざる者は、極めて劣悪な状況での労働を余儀なくされます。それがすべてではないことを訴え、社会権が承認される過程で起こった苦難の事態は、その承認と並行して、語彙の変更を促すものとなりました。ローティを理解しようとするとき、私たちはこのような事態を具体的に思い起こしてみる必要があります。

今私たちが当然と思っていることは、絶対的真理として天下ってきたものではけっしてありません。私たちに先立つ多くの人々の努力を通して、当然視されるに至ったものなのです。必然的に降ってきたものではないという意味で、それは偶然的です。重要なのは、その偶然性の意識です。それが偶然であるために、なおさらのこと、私たちはそれを守るため努力しなければなりません。私たちには、「絶対的真理でないのなら空しい」と言っている暇はありません。ローティに代わって言うなら、それは目前の問題から目を背け、あるいは他人事だと思っているからそうなのです。

人間の「自己創造」について、ローティはつぎのように述べています。

〔私の当面の〕目的は、予定された目標――あらかじめなんらかの仕方で設けられた目標――を目指すものとして人類の進歩を見るような見方を、消去することにある。私はそれを、種の自己創造としての――際限のない自己再定義の過程としての――人類の進歩という見方に、取り換えたいのである。それゆえ、私は、よりいっそう正確な表象を与えるものとしてではなく、むしろ、よりいっそう有用な道具を与えるものとして科学を描き、人間本性のうちに常に存在してきた恒久的で深遠ななにかを表現しようとする試みとしてではなく、むしろ人間としてのよりいっそう興味深いあり方を与えてくれるものとして、芸術や政治を描こうとする。（ローティ『連帯と自由の哲学』序文より）

私たちが今守りたいと思っている「社会正義」や「人権」という考えが、ローティのこうした考えと結びつくとき、その「偶然」的性格のためにこそ、それを維持発展させる不断の努力の必要性を訴えるローティの主張の熱さを、おそらく私たちは理解することになると思います。

あとがき

ローティ先生とは、本当に長いおつきあいをいただきました。最初にお会いしたのは私が三一歳のときでした。京都の南禅寺においでになり、宿泊先の旅館、八千代で一時間半ほど私の質問にお答えくださり、それから岡崎を歩かれて、青蓮院、知恩院、八坂神社を散策しながらいろいろな話をしてくださいました。穏やかな先生でした。

けれども、私は、それが先生のご恩に報いる道だという思いもあって、かならずしも聞き分けのよい弟子ではありませんでした。私がハーバードに留学する際にも、ローティ先生は応援してくださったのですが、留学中も、ハーバードのみなさんから、「それならなぜ君はローティを支持するのか」とよく言われたものでした。私がある点でローティ先生と厳しく対立する意見を持っていたからです。対立したのは、一七・一八世紀の西洋精神史の読みでした。特に、私はロックを「創造」を重んじるローティ思想の先駆者として読むべきだと主張していたのですが、先生

ローティ先生と（1999年）

は最後までそうは思わないとのお気持ちでした。

亡くなられてからアメリカで出版された *Philosophy of Richard Rorty* に掲載された私の論文とそれに対するローティ先生のコメントで、先生と私の見解の対立はご理解いただけると思います。それと、もう一つの私の論文 "Locke and Rorty" も、参考にしていただけるかと思います。後者は、もともと *British Journal for the History of Philosophy* 誌に掲載が決定されていたのですが、ある事情から同誌編集長のG・A・J・ロジャーズ先生にご無理をお願いして、私の海外での最初の単著、Yasuhiko Tomida, *Inquiries into Locke's Theory of Ideas*（Hildesheim, Zürich and New York: Georg Olms, 2001）への収載をお許しいただいたもので、のちにそれは Yasuhiko Tomida, *Quine, Rorty, Locke* に再録されました。私の二つの論文とローティ先生のコメントの書誌情報は、次のとおりです。

Yasuhiko Tomida, "Locke and Rorty," in Yasuhiko Tomida, *Quine, Rorty, Locke: Essays and*

Discussions on Naturalism (Hildesheim, Zürich and New York: Georg Olms, 2007), pp. 99–126.

Yasuhiko Tomida, "Davidson-Rorty Anti-representationalism and the Logic of the Modern Theory of Ideas," in Randall E. Auxier and Lewis Edwin Hahn (eds.), *The Philosophy of Richard Rorty* (Chicago and La Salle, Ill.: Open Court, 2010), pp. 293–309.

Quine, Rorty, Locke (2007)

Richard Rorty, "Reply to Yasuhiko Tomida," in Randall E. Auxier and Lewis Edwin Hahn (eds.), *The Philosophy of Richard Rorty* (Chicago and La Salle, Ill.: Open Court, 2010), pp. 310–312.

The Philosophy of Richard Rorty (2010)

私はそんなふうに、ローティ先生にとって困った弟子だったかもしれません。けれども、先生は、これまで私が関わらせていただいたさまざまな哲学者の中で、最も希望をつなぐことのできる哲学者でした。すでにこの世においでにならない先生に、この場をお借りして、心より御礼を申し上げたいと思います。

本書で言及もしくは引用したローティの論著を挙げておきます。

リチャード・ローティ「プラグマティズム・カテゴリー・言語」（一九六一年）
Richard Rorty, "Pragmatism, Categories, and Language," in Richard Rorty, *Mind, Language, and Metaphilosophy: Early Philosophical Papers*, ed. Stephen Leach and James Tartaglia (Cambridge: Cambridge University Press, 2014), pp. 16–38.

リチャード・ローティ「主観主義の原理と言語論的転回」（一九六二年）
Richard Rorty, "The Subjectivist Principle and the Linguistic Turn," in Richard Rorty, *Mind, Language, and Metaphilosophy: Early Philosophical Papers*, ed. Stephen Leach and James Tartaglia (Cambridge: Cambridge University Press, 2014), pp. 69–95.

リチャード・ローティ「心身同一性・私秘性・カテゴリー」（一九六五年）
Richard Rorty, "Mind-Body Identity, Privacy, and Categories," in Richard Rorty, *Mind, Lan-*

guage, and Metaphilosophy: Early Philosophical Papers, ed. Stephen Leach and James Tartaglia （Cambridge: Cambridge University Press, 2014）, pp. 106–131.

リチャード・ローティ編『言語論的転回』（一九六七年）
Richard Rorty（ed.）, *The Linguistic Turn: Recent Essays in Philosophical Method*（Chicago and London: The University of Chicago Press, 1967）.

リチャード・ローティ『哲学と自然の鏡』（一九七九年）
Richard Rorty, *Philosophy and the Mirror of Nature*（Princeton: Princeton University Press, 1979）.
〔邦訳〕リチャード・ローティ『哲学と自然の鏡』野家啓一監訳、伊藤春樹／須藤訓任／野家伸也／柴田正良訳、産業図書、一九九三年。

リチャード・ローティ『プラグマティズムの帰結』（一九八二年）
Richard Rorty, *Consequences of Pragmatism*（Minneapolis: University of Minnesota Press, 1982）.
〔邦訳〕リチャード・ローティ『哲学の脱構築――プラグマティズムの帰結』室井尚／吉岡洋／加藤哲弘／浜日出夫／庁茂訳、御茶の水書房、一九八五年。

リチャード・ローティ「語りえない心」（一九八二年）
Richard Rorty, "Mind as Ineffable," in Richard Q. Elvee (ed.), *Mind in Nature* (San Francisco: Harper and Row, 1982), pp. 60–95.

リチャード・ローティ「連帯としての科学」（一九八七年）
Richard Rorty, "Science as Solidarity," in John S. Nelson, Allan Megill and Donald N. McCloskey (eds.), *The Rhetoric of the Human Sciences: Language and Argument in Scholarship and Public Affairs* (Madison: University of Wisconsin Press, 1987), pp. 38–52.　［邦訳］リチャード・ローティ「連帯としての科学」（リチャード・ローティ『連帯と自由の哲学――二元論の幻想を超えて』冨田恭彦編訳、岩波書店、一九八八年、一～三二ページ）。

リチャード・ローティ『連帯と自由の哲学』（一九八八年）
リチャード・ローティ『連帯と自由の哲学――二元論の幻想を超えて』冨田恭彦編訳、岩波書店、一九八八年。

リチャード・ローティ「科学としての哲学・メタファーとしての哲学・政治としての哲学」（一九八九年）

Richard Rorty, "Philosophy as Science, as Metaphor, and as Politics," in Avner Cohen and Marcelo Dascal (eds.), *The Institution of Philosophy: A Discipline in Crisis?* (La Salle, Ill.: Open Court, 1989), pp. 13–33. ［邦訳］リチャード・ローティ「科学としての哲学・メタファーとしての哲学・政治としての哲学」（『思想』二〇一六年、六月号、五一～八一ページ）。

リチャード・ローティ『偶然性・アイロニー・連帯』（一九八九年）
Richard Rorty, *Contingency, Irony, and Solidarity* (Cambridge: Cambridge University Press, 1989). ［邦訳］リチャード・ローティ『偶然性・アイロニー・連帯――リベラル・ユートピアの可能性』齋藤純一／山岡龍一／大川正彦訳、岩波書店、二〇〇〇年。

リチャード・ローティ『客観性・相対主義・真理』（一九九一年）
Richard Rorty, *Objectivity, Relativism, and Truth: Philosophical Papers, Volume 1* (Cambridge: Cambridge University Press, 1991).

リチャード・ローティ『ハイデッガー論ほか』（一九九一年）
Richard Rorty, *Essays on Heidegger and Others: Philosophical Papers, Volume 2* (Cambridge: Cambridge University Press, 1991).

リチャード・ローティ「合理性と文化的差異」（一九九一年）
Richard Rorty, "Rationality and Cultural Difference," in Richard Rorty, *Truth and Progress: Philosophical Papers, Volume 3* (Cambridge: Cambridge University Press, 1998), pp. 186–201.

リチャード・ローティ「トロツキーと野生の蘭」（一九九二年）
Richard Rorty, "Trotsky and the Wild Orchids," in Richard Rorty, *Philosophy and Social Hope* (London: Penguin Books, 1999), pp. 3–20. ［邦訳］リチャード・ローティ「トロツキーと野生の蘭」（リチャード・ローティ『リベラル・ユートピアという希望』須藤訓任／渡辺啓真訳、岩波書店、二〇〇二年、四三〜七四ページ）。

リチャード・ローティ「亡霊が知識人に取り憑いている——デリダのマルクス論」（一九九五年）
Richard Rorty, "A Spectre is Haunting the Intellectuals: Derrida on Marx," in Richard Rorty, *Philosophy and Social Hope* (London: Penguin Books, 1999), pp. 210–222.

リチャード・ローティ『われわれの国を実現する』（一九九八年）
Richard Rorty, *Achieving Our Country: Leftist Thought in Twentieth-Century America*

(Cambridge, Mass.: Harvard University Press, 1998). 〔邦訳〕リチャード・ローティ『アメリカ未完のプロジェクト――二〇世紀アメリカにおける左翼思想』小澤照彦訳、晃洋書房、二〇〇〇年。

リチャード・ローティ『真理と進歩』(一九九八年)
Richard Rorty, *Truth and Progress: Philosophical Papers, Volume 3* (Cambridge: Cambridge University Press, 1998).

リチャード・ローティ「誠実な誤り」(二〇〇三年)
Richard Rorty, "Honest Mistakes," in Richard Rorty, *Philosophy as Cultural Politics: Philosophical Papers, Volume 4* (Cambridge: Cambridge University Press, 2007), pp. 56–69. 〔邦訳〕リチャード・ローティ「誠実な誤り」(リチャード・ローティ『文化政治としての哲学』冨田恭彦／戸田剛文訳、岩波書店、二〇一一年、六七～八八ページ)。

リチャード・ローティ「分析哲学と会話哲学」(二〇〇三年)
Richard Rorty, "Analytic and Conversational Philosophy," in Richard Rorty, *Philosophy as Cultural Politics: Philosophical Papers, Volume 4* (Cambridge: Cambridge University Press, 2007),

pp. 120–130.

リチャード・ローティ「プラグマティズムとロマン主義」(二〇〇五年)
Richard Rorty, "Pragmatism and Romanticism," in Richard Rorty, *Philosophy as Cultural Politics: Philosophical Papers, Volume 4* (Cambridge: Cambridge University Press, 2007), pp. 105–119.

リチャード・ローティ「予測不能のアメリカ帝国」(二〇〇六年)
リチャード・ローティ「予測不能のアメリカ帝国」冨田恭彦訳(『RATIO1』講談社、二〇〇六年、一六二～一七七ページ)。

リチャード・ローティ「ヴィトゲンシュタインと言語論的転回」(二〇〇六年)
Richard Rorty, "Wittgenstein and the Linguistic Turn," in Richard Rorty, *Philosophy as Cultural Politics: Philosophical Papers, Volume 4* (Cambridge: Cambridge University Press, 2007), pp. 160–175. [邦訳] リチャード・ローティ「ヴィトゲンシュタインと言語論的転回」(リチャード・ローティ『文化政治としての哲学』冨田恭彦/戸田剛文訳、岩波書店、二〇一一年、一八五～二一〇ページ)。

リチャード・ローティ『文化政治としての哲学』（二〇〇七年）

Richard Rorty, *Philosophy as Cultural Politics: Philosophical Papers, Volume 4*（Cambridge: Cambridge University Press, 2007）.［邦訳］リチャード・ローティ『文化政治としての哲学』冨田恭彦／戸田剛文訳、岩波書店、二〇一一年。

リチャード・ローティ「知的自伝」（二〇〇七年）

Richard Rorty, "Intellectual Autobiography," in Randall E. Auxier and Lewis Edwin Hahn（eds.）, *The Philosophy of Richard Rorty*（Chicago and La Salle, Ill.: Open Court, 2010）, pp. 3–24.

リチャード・ローティ『心・言語・メタ哲学』（二〇一四年）

Richard Rorty, *Mind, Language, and Metaphilosophy: Early Philosophical Papers*, ed. Stephen Leach and James Tartaglia（Cambridge: Cambridge University Press, 2014）.

三〇代のはじめに南禅寺でローティ先生にお会いする機会を作ってくださった、名古屋大学名誉教授の山田弘明先生および南山大学の諸先生方、また、一九九九年から二度にわたってローティ先生を客員教授としてお迎えする際にお声をおかけくださり、一連の行事にお招きくださった、元大谷大学学長訓覇曄雄先生、名誉教授池上哲司先生をはじめとする大谷大学の諸先生方に、改めて心より御礼申し上げます。

また、学生時代に、哲学の手ほどきをしていただいた故辻村公一先生、故藤澤令夫先生をはじめとする、京都大学文学部と人文科学研究所の諸先生方、その後さまざまな形でお教えをいただき励ましていただいた、ハーバード大学の故W・V・クワイン先生、マサチューセッツ工科大学の故トーマス・クーン先生、それに、私のようなものを同僚として迎えてくださった京都教育大学教育学部、京都大学教養部、京都大学大学院人間・環境学研究科／総合人間学部の諸先生方、そして、私の拙い授業におつきあいいただいた数多くの学生諸君に、この場をお借りして、御礼を申し上げます。

本書執筆にあたり、筑摩書房の天野裕子さんには大変お世話になりました。先に出版した『アメリカ言語哲学入門』および『観念論の教室』同様、天野さんの寛容な励ましがなければ本書がまとまることはありませんでした。心より御礼申し上げます。

二〇一六年夏

冨田恭彦

冨田恭彦（とみだ・やすひこ）

1952年、香川県生まれ。京都大学文学部哲学科卒。博士（文学）。ハーバード大学客員研究員などを経て、現在、京都大学大学院人間・環境学研究科教授。元人間・環境学研究科長、総合人間学部長。著書に、『ロック哲学の隠された論理』（勁草書房）、『クワインと現代アメリカ哲学』（世界思想社）、『アメリカ言語哲学入門』（ちくま学芸文庫）、『観念説の謎解き』（世界思想社）、『観念論の教室』（ちくま新書）、Quine, Rorty, Locke（Olms）、Locke, Berkeley, Kant（Olms）、The Philosophy of Richard Rorty（Open Court 共著）、「科学哲学者柏木達彦」シリーズ全5冊（ナカニシヤ出版）、「生島圭」シリーズ全3冊（講談社現代新書）など、訳書に、R・ローティ『連帯と自由の哲学』（岩波書店）、同『文化政治としての哲学』（岩波書店、共訳）がある。

筑摩選書 0138

ローティ　連帯《れんたい》と自己《じこ》超克《ちょうこく》の思想《しそう》

二〇一六年一一月一五日　初版第一刷発行

著　者　冨田《とみだ》恭彦《やすひこ》

発行者　山野浩一

発行所　株式会社筑摩書房
東京都台東区蔵前二－五－三　郵便番号　一一一－八七五五
振替　〇〇一六〇－八－四一二三

装幀者　神田昇和

印刷 製本　中央精版印刷株式会社

乱丁・落丁本の場合は左記宛にご送付ください。

送料小社負担でお取り替えいたします。

ご注文、お問い合わせも左記へお願いいたします。

筑摩書房サービスセンター
さいたま市北区櫛引町二－六〇四　〒三三一－八五〇七　電話　〇四八－六五一－〇〇五三

ISBN978-4-480-01644-7 C0310

筑摩選書
0102

ノイマン・ゲーデル・チューリング

高橋昌一郎

20世紀最高の知性と呼ばれた天才たち。同時代を生きた三人はいかに関わり、何を成し遂げ、今日の世界に何を遺したか。彼ら自身の言葉からその思想の本質に迫る。

筑摩選書
0103

マルクスを読みなおす

徳川家広

世界的に貧富の差が広がり、再び注目を集める巨人・マルクス。だが実際、その理論に有効性はあるのか。歴史的視座の下、新たに思想家像を描き出す意欲作。

筑摩選書
0108

希望の思想 プラグマティズム入門

大賀祐樹

暫定的で可謬的な「正しさ」を肯定し、誰もが共生できる社会構想を切り拓くプラグマティズム。デューイ、ローティらの軌跡を辿り直し、現代的意義を明らかにする。

筑摩選書
0119

民を殺す国・日本
足尾鉱毒事件からフクシマへ

大庭 健

フクシマも足尾鉱毒事件も、この国の「構造的な無責任体制＝国家教によってもたらされた――。その乗り越えには何が必要なのか。倫理学者による迫真の書！

筑摩選書
0117

戦後思想の「巨人」たち
「未来の他者」はどこにいるか

高澤秀次

「戦争と革命」という二〇世紀的な主題は「テロリズムとグローバリズムへの対抗運動」として再帰しつつある。「未来の他者」をキーワードに継続と変化を再考する。

筑摩選書 0116

戦後日本の宗教史
天皇制・祖先崇拝・新宗教

島田裕巳

天皇制と祖先崇拝、そして新宗教という三つの柱を軸に、戦後日本の宗教の歴史をたどり、日本社会と日本人の精神がどのように変容したかを明らかにする。

筑摩選書 0132

イスラームの論理

中田 考

神や預言者とは何か。スンナ派とシーア派はどこが違うか。ハラール認証、偶像崇拝の否定、カリフ制、原理主義……。イスラームの第一人者が、深奥を解説する。

筑摩選書 0095

境界の現象学
始原の海から流体の存在論へ

河野哲也

境界とは何を隔て、われわれに何を強いるのか。皮膚・家・国家――幾層もの境界を徹底的に問い直し、3・11後の世界の新しいつながり方を提示する、哲学の挑戦。

筑摩選書 0106

現象学という思考
〈自明なもの〉の知へ

田口茂

日常における〈自明なもの〉を精査し、我々の経験の構造を浮き彫りにする営為――現象学。その尽きせぬ魅力と射程を粘り強い思考とともに伝える新しい入門書。

筑摩選書 0076

民主主義のつくり方

宇野重規

民主主義への不信が募る現代日本。より身近で使い勝手のよいものへと転換するには何が必要なのか。〈プラグマティズム〉型民主主義に可能性を見出す希望の書！

筑摩選書 0001

武道的思考

内田樹

武道は学ぶ人を深い困惑のうちに叩きこむ。あらゆる術は「謎」をはらむがゆえに生産的なのである。今こそわれわれが武道に参照すべき「よく生きる」ためのヒント。

筑摩選書 0002

江戸絵画の不都合な真実

狩野博幸

近世絵画にはまだまだ謎が潜んでいる。若冲、芦雪、写楽など、作品を虚心に見つめ、文献資料を丹念に読み解くことで、これまで見逃されてきた〝真実〟を掘り起こす。

筑摩選書 0003

荘子と遊ぶ

禅的思考の源流へ

玄侑宗久

『荘子』はすこぶる面白い。読んでいると「常識」という桎梏から解放される。それは「心の自由」のための哲学だ。魅力的な言語世界を味わいながら、現代的な解釈を試みる。

筑摩選書 0004

現代文学論争

小谷野敦

かつて「論争」がジャーナリズムの華だった時代があった。本書は、臼井吉見『近代文学論争』の後を受け、主として七〇年以降の論争を取り上げ、どう戦われたか詳説する。

筑摩選書 0005

不均衡進化論

古澤満

DNAが自己複製する際に見せる奇妙な不均衡。そこから生物進化の驚くべきしくみが見えてきた！　カンブリア爆発の謎から進化加速の可能性にまで迫る新理論。

筑摩選書
0011
現代思想のコミュニケーション的転回
高田明典
現代思想は「四つの転回」でわかる！「モノ」から「コミュニケーション」へ、「わたし」から「みんな」へと至った現代思想の達成と使い方を提示する。

筑摩選書
0012
フルトヴェングラー
奥波一秀
二十世紀を代表する巨匠、フルトヴェングラー。変動してゆく政治の相や同時代の人物たちとの関係を通し、音楽家の再定位と思想の再解釈に挑んだ著者渾身の作品。

筑摩選書
0013
甲骨文字小字典
落合淳思
漢字の源流「甲骨文字」のうち、現代日本語の基礎となっている教育漢字中の三百余字を収録。最新の研究でその成り立ちと意味の古層を探る。漢字文化を愛する人の必携書。

筑摩選書
0014
瞬間を生きる哲学
〈今ここ〉に佇む技法
古東哲明
私たちは、いつも先のことばかり考えて生きている。だが、本当に大切なのは、今この瞬間の充溢なのではないだろうか。刹那に存在のかがやきを見出す哲学。

筑摩選書
0015
宇宙誕生
原初の光を探して
M・チャウン
水谷淳 訳
二〇世紀末、人類はついに宇宙誕生の証、ビッグバンの残光を発見した。劇的な発見からもたらされた驚くべき宇宙の真実とは――。宇宙のしくみと存在の謎に迫る。

筑摩選書
0016

最後の吉本隆明

勢古浩爾

「戦後最大の思想家」「思想界の巨人」と冠される吉本隆明。その吉本がこだわった「最後の親鸞」の思考に倣い、「最後の吉本隆明」の思想の本質を追究する。

筑摩選書
0017

思想は裁けるか
弁護士・海野《うんの》普吉《しんきち》伝

入江曜子

治安維持法下、河合栄治郎、尾崎行雄、津田左右吉など思想弾圧が学者やリベラリストにまで及んだ時代、その弁護に孤軍奮闘した海野普吉。冤罪を憎んだその生涯とは？

筑摩選書
0018

内臓の発見
西洋美術における身体とイメージ

小池寿子

中世後期、千年の時を超えて解剖学が復活した。人体内部という世界の発見は、人間精神に何をもたらしたか。身体をめぐって理性と狂気が交錯する時代を逍遥する。

筑摩選書
0021

贈答の日本文化

伊藤幹治

モース『贈与論』などの民族誌的研究の成果を踏まえ、贈与・交換・互酬性のキーワードと概念を手がかりに、日本文化における贈答の世界のメカニズムを読み解く。

筑摩選書
0022

日本語の深層
〈話者のイマ・ココ〉を生きることば

熊倉千之

日本語の助動詞「た」は客観的過去を示さない。文中に遍在する「あり」の分析を通して日本語の発話の「イマ・ココ」性を究明し、西洋語との違いを明らかにする。

筑摩選書
0023

天皇陵古墳への招待

森 浩一

いまだ発掘が許されない天皇陵古墳。本書では、天皇陵古墳をめぐる考古学の歩みを振り返りつつ、古墳の地理的位置・形状、文献資料を駆使し総合的に考察する。

筑摩選書
0024

脳の風景
「かたち」を読む脳科学

藤田一郎

宇宙でもっとも複雑な構造物、脳。顕微鏡を通して内部を見ると、そこには驚くべき風景が拡がっている！ 脳の実体をビジュアルに紹介し、形態から脳の不思議に迫る。

筑摩選書
0025

芭蕉 最後の一句
生命の流れに還る

魚住孝至

清滝や波に散り込む青松葉――この辞世の句に、どのような思いが籠められているのか。不易流行から軽みへ、境涯深まる最晩年に焦点を当て、芭蕉の実像を追う。

筑摩選書
0026

関羽
神になった「三国志」の英雄

渡邉義浩

「三国志」の豪傑は、なぜ商売の神として崇められるようになったのか。史実から物語、そして信仰の対象へ。その変遷を通して描き出す、中国精神史の新たな試み。

筑摩選書
0027

「窓」の思想史
日本とヨーロッパの建築表象論

浜本隆志

建築物に欠かせない「窓」。それはまた、歴史・文化的にきわめて興味深い表象でもある。そこに込められた意味を日本とヨーロッパの比較から探るひとつの思想史。

筑摩選書
0028

日米「核密約」の全貌

太田昌克

日米核密約……。長らくその真相は闇に包まれてきた。それはなぜ、いかにして取り結ばれたのか。日米双方の関係者百人以上に取材し、その全貌を明らかにする。

筑摩選書
0030

公共哲学からの応答
3・11の衝撃の後で

山脇直司

3・11の出来事は、善き公正な社会を追求する公共哲学という学問にも様々な問いを突きつけることとなった。その問題群に応えながら、今後の議論への途を開く。

筑摩選書
0031

日本の伏流
時評に歴史と文化を刻む

伊東光晴

通貨危機、政権交代、大震災・原発事故を経ても、日本は変わらない。現在の閉塞状況は、いつ、いかにして始まったのか。変動著しい時代の深層を経済学の泰斗が斬る!

筑摩選書
0032

水を守りに、森へ
地下水の持続可能性を求めて

山田 健

日本が水の豊かな国というのは幻想にすぎない。水を養うはずの森がいま危機的状況にある。一体何が起こっているのか。百年先を見すえて挑む森林再生プロジェクト。

筑摩選書
0033

グローバル化と中小企業

中沢孝夫

企業の海外進出は本当に国内産業を空洞化させるのか。圧倒的な開発力と技術力を携え東アジア諸国へ進出した中小企業から、グローバル化の実態と要件を検証する。

筑摩選書
0034

反原発の思想史
冷戦からフクシマへ

絓 秀実

中ソ論争から「68年」やエコロジー、サブカルチャーを経てフクシマへ。複雑に交差する反核運動や「原子力の平和利用」などの論点から、3・11が顕在化させた現代史を描く。

筑摩選書
0035

生老病死の図像学
仏教説話画を読む

加須屋誠

仏教の教理を絵で伝える説話画をイコノロジーの手法で読み解くと、中世日本人の死生観が浮かび上がる。生活史・民俗史をも視野に入れた日本美術史の画期的論考。

筑摩選書
0036

伊勢神宮と古代王権
神宮・斎宮・天皇がおりなした六百年

榎村寛之

神宮をめぐり、交錯する天皇家と地域勢力の野望。王権は何を夢見、神宮は何を期待したのか？ 王権の変遷に翻弄され変容していった伊勢神宮という存在の謎に迫る。

筑摩選書
0037

主体性は教えられるか

岩田健太郎

主体的でないと言われる日本人。それはなぜか。この国の学校教育が主体性を涵養するようにはできていないのではないか。医学教育をケーススタディとして考える。

筑摩選書
0038

救いとは何か

森岡正博
山折哲雄

この時代の生と死について、救いについて、人間の幸福について、信仰をもつ宗教学者と、宗教をもたない哲学者が鋭く言葉を交わした、比類なき思考の記録。

筑摩選書 0040

100のモノが語る世界の歴史1
文明の誕生

N・マクレガー
東郷えりか 訳

大英博物館が所蔵する古今東西の名品を精選。遺されたモノに刻まれた人類の記憶を読み解き、今日までの文明の歩みを辿る。新たな世界史へ挑む壮大なプロジェクト。

筑摩選書 0041

100のモノが語る世界の歴史2
帝国の興亡

N・マクレガー
東郷えりか 訳

紀元前後、人類は帝国の時代を迎える。多くの文明が姿を消し、遺された物だけが声なき者らの声を伝える——。大英博物館とBBCによる世界史プロジェクト第2巻。

筑摩選書 0042

100のモノが語る世界の歴史3
近代への道

N・マクレガー
東郷えりか 訳

すべての大陸が出会い、発展と数々の悲劇の末にわれわれ人類がたどりついた「近代」とは何だったのか——。大英博物館とBBCによる世界史プロジェクト完結篇。

筑摩選書 0043

悪の哲学
中国哲学の想像力

中島隆博

孔子や孟子、荘子など中国の思想家たちは「悪」について、どのように考えてきたのか。現代にも通じるこの問題と格闘した先人の思考を、斬新な視座から読み解く。

筑摩選書 0044

さまよえる自己
ポストモダンの精神病理

内海 健

「自己」が最も輝いていた近代が終焉した今、時代を映す精神の病態とはなにか。臨床を起点に心や意識の起源に遡り、主体を喪失した現代の病理性を解明する。

筑摩選書
0045
北朝鮮建国神話の崩壊
金日成と「特別狙撃旅団」
金 賛汀
捏造され続けてきた北朝鮮建国者・金日成の抗日時代。関係者の証言から明るみに出た歴史の姿とは。北朝鮮現代史の虚構を突き崩す著者畢生のノンフィクション。

筑摩選書
0046
寅さんとイエス
米田彰男
イエスの風貌とユーモアは寅さんに類似している。聖書学の成果に「男はつらいよ」の精緻な読みこみを重ね合わせ、現代に求められている聖なる無用性の根源に迫る。

筑摩選書
0048
宮沢賢治の世界
吉本隆明
著者が青年期から強い影響を受けてきた宮沢賢治について、機会あるごとに生の声で語り続けてきた三十数年に及ぶ講演のすべてを収録した貴重な一冊。全十一章。

筑摩選書
0049
身体の時間
〈今〉を生きるための精神病理学
野間俊一
加速する現代社会、時間は細切れになって希薄化し、心身に負荷をかける。新型うつや発達障害、解離などの臨床例を検証、生命性を回復するための叡智を探りだす。

筑摩選書
0050
敗戦と戦後のあいだで
遅れて帰りし者たち
五十嵐惠邦
戦争体験をかかえて戦後を生きるとはどういうことか。五味川純平、石原吉郎、横井庄一、小野田寛郎、中村輝夫……。彼らの足跡から戦後日本社会の条件を考察する。

筑摩選書 0051
フランス革命の志士たち
革命家とは何者か
安達正勝

理想主義者、日和見、煽動者、実務家、英雄――真に世界を変えるのはどんな人物か。フランス革命の志士の生き様から、混迷と変革の時代をいかに生きるかを考える。

筑摩選書 0052
ノーベル経済学賞の40年（上）
20世紀経済思想史入門
T・カリアー
小坂恵理 訳

ミクロにマクロ、ゲーム理論に行動経済学。多彩な受賞者の業績と人柄から、今日のわれわれが直面している問題が見えてくる。経済思想を一望できる格好の入門書。

筑摩選書 0053
ノーベル経済学賞の40年（下）
20世紀経済思想史入門
T・カリアー
小坂恵理 訳

経済学は科学か。彼らは何を発見し、社会にどんな功績を果たしたのか。経済学賞の歴史をたどり、経済学と人類の未来を考える。経済の本質をつかむための必読書。

筑摩選書 0054
世界正義論
井上達夫

超大国による「正義」の濫用、世界的な規模で広がりゆく貧富の格差……。こうした中にあって「グローバルな正義」の可能性を原理的に追究する政治哲学の書。

筑摩選書 0056
哲学で何をするのか
文化と私の「現実」から
貫 成人

哲学は、現実をとらえるための最高の道具である。私たちが一見自明に思っている「文化」のあり方、「私」の存在を徹底して問い直す。新しいタイプの哲学入門。

筑摩選書 0057

デモのメディア論
社会運動社会のゆくえ

伊藤昌亮

アラブの春、ウォール街占拠、反原発デモ……いま世界中で沸騰するデモの深層に何があるのか。ソーシャルメディア時代の新しい社会運動の意味と可能性に迫る。

筑摩選書 0058

シベリア鉄道紀行史
アジアとヨーロッパを結ぶ旅

和田博文

ロシアの極東開発の重点を担ったシベリア鉄道。近代史に翻弄されたこの鉄路を旅した日本人の記述から、西欧へのツーリズムと大国ロシアのイメージの変遷を追う。

筑摩選書 0059

放射能問題に立ち向かう哲学

一ノ瀬正樹

放射能問題は人間本性を照らし出す。本書では、理性を脅かし信念対立に陥りがちな問題を哲学的思考法で問い詰め、混沌とした事態を収拾するための糸口を模索する。

筑摩選書 0060

近代という教養
文学が背負った課題

石原千秋

日本の文学にとって近代とは何だったのか？　文学が背負わされた重い課題を捉えなおし、現在にも生きる「教養」の源泉を、時代との格闘の跡にたどる。

筑摩選書 0061

比喩表現の世界
日本語のイメージを読む

中村 明

比喩は作者が発見し創作した、イメージの結晶であり世界解釈の手段である。日本近代文学選りすぐりの比喩表現を鑑賞し、その根源的な力と言葉の魔術を堪能する。